マイクロ・ニーズ

地域の小さな声に応え続ける、
医療・社会福祉法人の取り組み

中澤信
NAKAZAWA SHIN

幻冬舎MC

マイクロ・ニーズ

地域の小さな声に応え続ける、
医療・社会福祉法人の取り組み

はじめに

高齢者介護、児童福祉、障がい者福祉、外国人支援……。

近年、医療や社会福祉法人に求められるニーズは多様化しています。

例えば高齢者医療においてはキュアからケアへ、つまり病気を治すことを主眼とした医療から、生活の質の維持や精神的な満足を得たいという声に重点が置かれるようになっています。こうしたニーズに応えるために、現在では残された寿命を病院のベッドで点滴をして過ごすのではなく、慣れ親しんできた家で過ごしたり、介護施設で介護職員のサポートを受けながら過ごしたりすることも増えています。

それ以外でも、時代の変化とともに新たなニーズが生まれています。例えば、障がいのあるわが子をみんなと同じ保育園に通わせてあげたいと思っている保護者がいたり、言葉の壁により子どもを育てるのに困っている外国人が多くいたりします。そうした人たちが暮らしやすい環境をつくるには、障がいに対応できるよう保育園の受け入れ態勢を整えたり、外国人労働者の子どもたちの日本語習得を支援したりということが必要になります。

一方でこのようなニーズを見つけ出すのは簡単ではありません。病院や施設で待っているだけでは、障がいのある子の保護者や日本語ができない外国人労働者が、本当は何に困っているのかが分かりづらいからです。このような見つけづらくて小さな声を、私は「マイクロ・ニーズ（小さなニーズ）」と呼んでいます。

私は現在、病気や怪我などで生活が難しくなった方々の支援をするリハビリテーション病院と、地域の介護・保育事業を担う社会福祉法人の理事長を兼任し、マイクロ・ニーズに応えるさまざまな事業を展開しています。地域が抱える課題を現場から細かく拾い上げ、近年は同じ社会福祉法人で障がいのある子たちのサポート事業、外国人労働者の子どもが通える保育園の運営などに取り組んでいます。

本書では、私が理事長を務める医療法人と社会福祉法人がこれまでマイクロ・ニーズに応えるために取り組んできたことを紹介していきます。この本が、日本の医療と福祉の世界に関わるすべての人たちにとって新たな取り組みのヒントになれば幸いです。

第2章 【障がい児支援】母親たちの切実な声
~障がいがあっても学校に通わせたい~

第3章 【多文化共生】外国籍の親と子どもたちの声

～日本で活躍する機会を与えてほしい～

第4章

【地域活性】マイクロ・ニーズに応え、地域社会を立て直す

～非営利目的の社会福祉法人がもっと自由に活動するために～

——すべて国民は、健康で文化的な最低限度の生活を営む権利を有する。
国は、すべての生活部面について、社会福祉、社会保障及び公衆衛生の向上及び増進に努めなければならない。

日本国憲法第25条　生存権についての規定

プロローグ　医療と福祉の境界を越えて

父と母から受け継いだ私のルーツ

私は現在、自分が生まれ育った愛知県西尾市で、父から引き継いだ医療法人と社会福祉法人の理事長を務めながら、医師としてリハビリテーション病院で診療にあたっています。

私の父は80代になった今も整形外科医として現役で地域医療を担っています。母は、父が立ち上げた社会福祉法人の理事として地元である西尾市に暮らす人たちに必要な福祉事業サービスを次々と展開し、２０１８年に悪性リンパ腫で亡くなりました。

父と同じ医療の道を選んだ私ですが、両親から一度も医者になるために勉強しろと言われたことはありませんでした。自ら選んで医師になったのです。私には姉と弟がいますが、２人も同様です。姉は自分で選択して社会福祉法人で介護の職につき、弟は子どもの頃から料理をするのが好きで調理師の道に進みました。

両親はともに診療所経営で忙しく、あまり家庭や家族の形にこだわっていなかったのか、子どもの頃は父の診療所内に家族で暮らしていました。つまり病室が私の子ども部屋でした。そのほうが仕事をしながら私たちきょうだいのことを見られると思っていたのかもしれません。入院患者がいる診療所の廊下で、弟とローラースケートをして怒られたこともありました。

私が小学校4年生くらいのときに、両親が診療所のすぐ隣にプレハブのような小さな家を建てました。その頃から忙しさが増していった両親は、私たちきょうだいに「これからは3人で力を合わせて自分たちの力で生活できるようになりなさい」と言ったことを覚えています。私たちはスーパーマーケットに買い物に行き、食事の支度をし、家事を手分けして行うようになりました。弟が料理に目覚めたのはこの頃だったと思います。弟が作る食事がおいしくて、彼に作ってもらうことが多かったです。私が高校生の頃には、私の友達が遊びに来ると、弟が料理の腕をふるってくれました。

その弟が、食事は健康のもとであるという考えから、私たち法人のフードサービス部の中心を担う職人として、入院患者のために栄養管理が徹底されたこだわりの病院食を提供します。スタッフ食堂では患者を支えるスタッフの健康を考えて菜食ビュッフェや毎日山盛りの副菜から自分の体調や食欲に合わせて自由に選べるランチなど、工夫を凝らしておいしいものを提供してくれます。また最近では、利用者向けに、食事だけでは補いにくい微量元素やタンパク質をプラスした栄養補給食として、地元産の大豆や野菜を使用した手作りの特製野菜スープの販売を行うなど、体が喜び、内側から元気になれる食の提案もしてくれています。人の体は食で変化します。スタッフも心と体が健康でなければ、患者に対して真摯に向き合うことができません。弟が実施しているこの食の提案は、小さな声に応えていくうえで大切な活動の一つになっています。

医師としての転機

医者になる道を選んだ私は、将来父の診療所を継ぐ可能性も考えて、父と同じ整形外科医になることを選択しました。でも医師になって5年目くらいの頃に若手医師として救急医療に従事していたとき、私の医師としてのあり方を根底から考えさせられる出来事がありました。短期間で体の一部が壊死してしまう劇症型溶血性レンサ球菌感染症を患った患者を担当したのです。

溶血性レンサ球菌は人の咽頭や消化管、表皮などに日常的に存在する細菌ですが、小さな傷口から皮膚の深部や筋肉などに入り込むと毒素を発生し、壊死性筋膜炎という感染症に進行します。そうなると、命を落とす危険があります。最悪の場合、壊死した部分を切断しなければなりません。私が担当した患者は50代の男性で、病院に運ばれたときには血液の中に溶血性レンサ球菌が回り、高熱と敗血症の症状が見られ、ショック状態でした。足の一部は血色が悪くなっていました。私は思いつく限りの治療をしました。すべては患者の命を救うため、それしか考えていませんでした。結果、患者は両足と片腕を切断、さらに壊死により全身が熱傷状態になってしまいました。それでも私は患者の命を救えたことに満足していました。その人が、回復後にどのような生活を強いられるかまで考えが及ばなかったのです。退院後、その患者の家族から、こんな体になるなら死んだほうがマシだったと告げられ、冷や水を浴びせられたような思いがしました。話を聞くと、その患者は自分一人では車椅子を扱うこともできず、車輪を付けた板の上に座布団を乗せて、片腕で家の中を移動しているといいます。それは身体的に不自由というだけではなく、精神的にもみじめでつらい思いをさせてしまったのです。私はそのとき、医師として患者のその後の生活まで考えなければ本当の救いにはならないのだと思い知り、ただ治療するだけにとどまらない、患者の生活を診る医者になろうと決めたのです。

実際に整形外科医として働き始めると、その思いはますます強くなり、患者の病気や怪我を治すことだけに向き合う医療体制に対しても違和感を覚えるようになりました。もっと目の前の患者と向き合い、彼らがそれまで送ってきた日常生活を維持するための医療を行いたいと考えるようになったのです。

私は曽祖父の代から医師である中澤家で、地域医療にこだわりをもって活動していた祖父の話に影響を受けました。

初代の医師である曽祖父とは会ったことはありませんが、祖父の言葉は幼心に覚えています。祖父は、もともと大学で小児科の医師を目指しましたが、医師となってすぐに軍医としてニューギニアに派遣されたのです。そのとき、祖父と同じように派遣された兵は１００人ほどいましたが、無事に戻って来られたのは祖父を含めて３人だけだったといいます。戻ってきた祖父は、「自分は戦地で死んだも同然。死んだつもりで自分の欲を捨てて地域の人たちのために生きるんだ」と決意しました。以降、祖父は西尾市で小児科医として働きながら、地域の衛生状態の悪さを改善しようと尽力したのです。祖父から父、母へと引き継がれてきた地元住民のための医療と福祉の活動が今の私を作っているのだと思います。

リハビリテーション科の診療を通じて

私はリハビリテーション科の医師となり、診療をするようになりました。リハビリが必要な患者は多岐にわたります。外傷や脳の病気だけでなく内臓疾患もあり、子どもから高齢者まで疾患や障がいを抱えた方はほとんどがリハビリを必要とします。リハビリは、病気そのものを治すというよりも、病気によって生じた障がいと生活の回復を目指すことにあります。私がやりたいと思っていた患者の「生活」を診ることでした。

診察で私が大切にしていることは、患者が病気や怪我で入院生活を送ったあと、自宅に帰ってどのような生活を送っているのかということです。来院する患者には高齢の夫婦が多く、その関係性を見ていると普段の生活の様子が見えてきます。例えば病気や怪我で後遺症が残る夫を、時々叩いたり喧嘩したりしながら明るく支える妻もいれば、病気による障がいが残った妻を優しく支える夫もいます。そうした夫婦は一度の病気や怪我のあとも二人三脚でうまく後遺症や障がいと付き合いながら生活しています。

医療は専門化が進み、それぞれの分野で高度な医療が提供されていますが、細分化され過ぎてきています。そのため、不調がある箇所ごとにそれぞれの分野の医者を受診することになってしまい、結果、いくつもの病院に通っている人も多いのです。私が専門とするリハビリテーション科では、病気や怪我が治ればいいという考え方ではなく、今抱えている病気や怪我がある程度回復したのち、どういった生活ができるようになるのかということに焦点を当てています。これを積み重ねることで、高齢者や障がい者になってからも充実した人生を送ることができるのです。リハビリは人生のための医療だと感じています。その先にある病後の自宅での生活まで患者とその家族とともに考えていく。それこそが医療の使命ではないかと思うのです。

私が父親の背中を見て医師を志し、母親が作った社会福祉法人を引き継いだのは、最初から敷かれていたレールのようにも思えることがありますが、私にとってはこの道に進むことがある意味自然なことでした。両法人の理事長となった今、私は医療と福祉の両面を掛け合わせた形で地域社会に貢献していくことを目指し、挑戦の日々を送っています。

高齢者医療は介護や福祉と地続き

西尾市のウェブサイトを見ると、２０２３年3月1日現在、市の人口は約17万人。そのうちの26%が65歳以上と出ています。私が診察をしている患者は長くお付き合いをしているうちに皆さん徐々に高齢者になってきています。彼らのなかには、一人暮らしの人や老々介護をしている人、少しずつ認知症が進行し、日常生活に不安が見えてくる人もいます。私は患者一人ひとりの話を聞き、生活状況を把握しながら、彼らがこの先も住み慣れたこの街で安心して暮らしていける方法を一緒に探るといったことをしています。一人暮らしで認知症が進行している人のなかには、私が経営している社会福祉法人のグループホームを利用する人もいます。

これからはこのように医療と福祉を地続きで提供していくことが必要になってくるのではないかと日々の診察のなかで実感しています。

医療と福祉の間にある壁

医療と福祉の間には、見えない壁のようなものが存在しています。医療従事者はあくまで医療現場や病院で病気を診たり、治療したりすることから大きく外れることはできません。一方、福祉に携わる人は、福祉事業としてできる範囲のサービスにとどまっているのが現状です。

例えば私の法人がある西尾市では、特別支援学校の通学バスの問題がありました。西尾市内に住む重度な身体障がいのある子どもが市外の特別支援学校に通うにあたって、スクールバスの乗降に不便があるという話を聞いたのです。まず、学校が市内にないため、スクールバスの停留所をいくつも回ることになり非常に時間がかかることが問題でした。障がいを抱えた子どもたちにとってもスクールバスに長時間揺られるのは相当なストレスになっていました。

　また、子どものなかには大きな車椅子を使っている子もいるため、スクールバスは観光バス並みの大きなものが使用されていますが、バスの停留所は普通のバスが停まるくらいのスペースしかありませんでした。さらに、その停留所の近くに、安心して子どもたちを乗り降りさせるのに適した場所がほとんどなく、子どもたちをバスに乗降させるのにとても時間がかかっていたのです。そのため、バスの停留所の近隣住民からも、「こんな狭いところに大きなバスと送り迎えの車が来て、事故でも起こったらどうするんですか。もっと広い場所にバス停を移動できませんか」といった苦情が学校に入るほどでした。こうした状況に、誰も手を差し伸べず、行政も、西尾市内の学校で起こっていることではないため何も手立てができずにいたようです。

　困った学校は西尾市内でどこか広い駐車場をもっていて、バスの停留所として使わせてくれるところを探し、私のリハビリテーション病院に連絡をしてきたのです。その話を聞いた私は、「そういう事情であれば」と病院の朝と夕のすいた時間に駐車場を使ってもらうことにしました。これにより、保護者にとっても子どもにとっても、安心して乗降できる広い場所が市内にできたと喜んでもらえています。この場所ならば、医療施設内なので、何か事故や子どもたちが体調を崩したという場合にも迅速に対処できます。もちろん医療機関とはいえ、そうしたリスクを積極的に取ることが難しいということは理解しています。それでも私は、西尾市に暮らす特別支援学校に通う重度障がいの子とその親が、スクールバスの乗降に困っている現状をマイクロ・ニーズととらえ、応えることにしたのです。

このように、誰かが手を差し伸べない限り解決しない問題は、私たちが気づいていないだけで実はたくさんあります。そうした問題の一つひとつに、私は少しでもできることがあれば対応していきたいと思っています。もちろん一医療法人と社会福祉法人だけではできることに限界があります。いろいろな人たちの協力も必要です。そういう観点から考えても、医療と福祉がもっと連携を強化していくことで、できることが増えていくのではないかと思うようになりました。

困っていることはなかなか耳に入らない

特別支援学校のスクールバスの問題は、たまたま学校側から私の病院に問い合わせがあり力になることができました。でもこうしたケースはまれです。特に医療の世界では困っている人の声をなかなか聞くことができません。社会福祉のサービスを必要とする人たちの困りごとは、置かれた状況や環境によってさまざまで、細かく見て対応していくべきケースがほとんどです。

例えば、私が理事長を務める医療法人のなかにあるクリニックでは、15年ほど前から発達障がいの子どものリハビリ診療を行っています。自閉スペクトラム症やダウン症の子どもに対する作業療法や言語療法を中心としたリハビリです。これは地域のリハビリを早くから実施してきたなかで、近隣の発達障がいの子どもをもつ保護者から届いた声がきっかけで始めました。

発達障がいのある子どもについては、保護者が納得して判断するための相談の場が不十分であることが少なくありません。十分な相談ができないまま限られた公的な施設を紹介され、自宅から遠かったり、訓練をするといっても月に1回程度だったりするのが現状です。訓練だけが発達障がいに必要だというわけではありませんが、せめてリハビリの診療の分野でサポートできることをやらせてもらいたいという思いで続けています。

小さな声を聞くことが医療と福祉には求められている

私が子どもの頃は近隣同士もっとつながりがありました。会えば挨拶をし、互いの家族のことなどもなんとなく把握していて、物を貸したり借りたりすることもあれば、夕ご飯のおかずをご近所で分け合ったりといったこともありました。近所に暮らす子どもたちは年齢など関係なく集まって遊び、その様子をみんなで見守り、悪いことをする子どもがいれば叱ったりもしていました。近隣同士が一つのコミュニティとなって、困ったことがあれば声を掛け合い、助け合い、地域の情報を共有しながら生活していたのです。でもそうしたつながりは時代の変化とともに希薄になってしまいました。核家族が増え、それにより戸建て住宅からマンションでの暮らしが重宝されるようになり、１９８５年に制定された男女雇用機会均等法により、共働きをする家族が増加していきました。鍵っ子と呼ばれる子どもが増え、近所の子どもたちが集まって遊ぶ光景を目にすることもなくなり、隣にどんな家族が暮らしているのかも分からなくなっていき、互いに困りごとを話したり、地域の情報を共有し合ったり、助け合ったりといったことがなくなっていったのです。

その結果、親の介護や障がいを抱える家族の世話を、核家族という小さな枠のなかで誰かが犠牲を払うようにして行うといったことが増えていきました。また出産後、誰も子育てについて教えてくれず、相談する相手もなく、何が正解かも分からないまま一人ですべてを抱え込み、育児ノイローゼになる母親も増加しています。ご近所付き合いが活発だった頃にはあまり見られなかった光景です。

このように誰かの助けを必要としているのにどうしていいか分からずに困っている人はたくさんいます。私はそうした人たちの声に耳を傾け、手助けをするのが社会福祉の役割であり使命ではないかと考えています。世話をする側、される側、双方が心穏やかに、互いを思い合い、自分らしく暮らしていけるお手伝いをする。それが福祉だと思うのです。

また、抱える問題が福祉だけではなく、医療の支援を必要としているケースもあります。例えば自発呼吸ができず人工呼吸器が常時必要な状態だったり、痰を吸引しなければ呼吸困難に陥ってしまったりするなど医療的ケアが必要な子どもを抱える家庭では、母親が一人でつきっきりで世話をしている場合が多いです。母親はその子のために自分の人生を捧げるようにして生きています。彼女たちには助けが必要です。そのためには医療と福祉の連携が不可欠です。

　私はそんなふうに生きている人たちの細かな困りごとである「マイクロ・ニーズ」に可能な限り応えるために、自分の運営する医療法人と社会福祉法人で、独自の取り組みを続けているのです。

第1章

【高齢者介護】

高齢者が言えない本音

～介護施設にいても、家にいるような暮らしがしたい～

高齢者医療と介護の現状

2021年10月時点での日本の総人口は1億2550万人といわれています。そのうち、65歳以上の高齢者は3621万人で、日本の高齢者率は28・9%となります。これは日本の人口の4分の1以上が高齢者であることを意味しています。

2017年4月に国立社会保障・人口問題研究所が公表した日本の将来推計人口によると、高齢者の数は2042年にピークを迎え、その数3935万人と推計されています。その後、高齢者の数は減少すると見られていますが、総人口が減少の一途をたどることにより、高齢者率は上昇し続けるとされ、2036年には33・3%になり、3人に1人が高齢者となると予測されています。

高齢者が増え続けていくなかでの問題はいくつもあります。高齢になった人たちが、全員健康で、体に不調がなく、認知機能もしっかりしていて経済的な心配もない。生活費を稼げる仕事があり、何かあったときに頼れる家族がいて、住むところにも困らないという状況ならなんの問題もありません。でも実際にはその逆で、健康、認知面、経済、家族、住居などのなんらかにおいて、誰かの助けがないと生きていくことが難しいことがほとんどです。そうならないために、足の筋力を落とさないための運動や、自分でできることは極力自分で行ったり、ボランティア活動を通して社会との関わりをもったりするなど、国による予防策の推進が行われていますが、その効果が表れるよりも早く高齢者が増え続けているのが現状です。過度な運動をすれば過労や心肺系のトラブルのリスクが上がり、家に引きこもっていれば認知機能が衰え、筋力が落ち怪我をする可能性も高くなります。怪我をしたことがきっかけで寝たきりになってしまうといったこともあります。また住み慣れた街からの移住により、新しい環境になじめず、外出することが減り、認知症を発症するリスクがあるといわれています。こうした事象に手を差し伸べていくのも医療・福祉の大きな役割です。なかでも地域包括ケアが重要といわれています。地域包括ケアとは、医療や介護が必要になったときに、その方が住み慣れた場所で、自分ができることは極力自分で行う形で暮らしていけるように、医療・介護・予防・住居などの生活支援を包括的に実施することをいいます。

　私が行っているリハビリ診療などはその一部です。しかし、地域包括ケアは医療従事者だけでできることではありません。それは福祉においても同じです。地域との連携が不可欠です。地域とは市区町村、私の場合には西尾市との協力関係がこれからもっと大切になってくるということになります。

実は市区町村には、住人のためのたくさんの支援やサービスがあります。でもそのことが実際にその地域で生活している人たちに届いていないということもあります。そういったことが少しでも減るように、例えば病院に来た患者との話のなかで、その方が利用できる支援やサービスを伝えるというのも大事なことです。

また医療法人の立場から、患者に必要な支援やサービスを提供するために市区町村や行政に訴えかけ、ともに力を合わせて新たな支援やサービスにつながる事業を展開していくことも必要となっていきます。

私も普段からリハビリテーション病院の外来診療で患者と接するとき、その方の生活状況や住環境、ご家族との関係性にも気を配り、じっくり話を聞くように心掛けています。そうすることで、その方が困っていることや必要としていることが分かってくるからです。そこから適切なアドバイスをしていくことも医者の仕事であり、高齢者が抱えている問題の解決につながっていくと考えています。

医療、福祉の現場で高齢者問題を大きく変えていくのは難しいことです。でもこうした小さな積み重ねが問題解決の糸口となっていくのだと思います。そこから高齢者が本当に必要としている支援やサービスを形にしていくのが、医療法人や社会福祉法人の役割だと感じています。

私のこうした考えは、私が現在理事長を務める社会福祉法人を立ち上げ、形にしていった母・明子《めいこ》の影響によるところが大きいです。

日本の介護事業の始まり――老人保健施設の問題点

私の母が最初に作った介護施設は老人保健施設でした。１９８９年のことです。日本では、１９８７年に厚生省が老人保健施設のモデル事業を始め、翌１９８８年に本格的に老人保健施設が全国で作られ始めることになった頃のことです。

日本の介護の歴史を振り返ると、高度経済成長期である１９６２年に訪問介護（ホームヘルプサービス）事業が創設されたことから始まっています。翌１９６３年には老人福祉法が制定され、特別養護老人ホームが創設されました。１９６０年の高齢化率は５・７％でした。１９７０年になると、高齢化率が７・１％に上昇し、１９７３年に老人医療費が無料化され、１９７８年には短期入所生活介護（ショートステイ）事業が創設。１９７９年には日帰り介護（デイサービス）事業が始まりました。老人保健施設が創設されたのは、その８年後の１９８７年のことです。１９８０年代に入り、高齢化率が

9・1%となり、寝たきり老人が増え、社会的問題として取り上げられるようになった頃です。

老人保健施設は、介護が必要な高齢者の自立を支援する施設として、厚生省が全国から7カ所を指定して、モデル事業を開始しました。この施設は、あくまでも住み慣れた自分の家に戻って生活できるようにするための訓練施設のようなものとして、医師の診断のもと、看護や介護のケア、作業療法士や理学療法士等によるリハビリテーション、栄養管理・食事・入浴といった日常サービスまでを提供するとしていました。

グループホームのメリットとデメリット

老人保健施設で自宅復帰が認められなかった高齢者が行き場に困り、次の行き先として選択することになる場所の一つがグループホームです。グループホームには、認知症グループホームと障がい者グループホームの2つがありますが、ここでお話しするのは認知症グループホームについてです。

このホームでは、専門技術と知識をもったスタッフによる援助を受けながら、認知症を発症した方々が共同生活を送ります。入居者は少人数のグループで生活し、家庭に近い環境で暮らします。認知症グループホームは、１９８０年代半ば頃に高齢者の割合が高い国として知られるスウェーデンで発祥したといわれています。日本では１９９０年代の初めに開設され始め、１９９７年に「痴呆対応型老人共同生活援助事業」として厚生省が制度化しました。この頃、厚生省では社会福祉、社会保障、公衆衛生の向上などを行い、働く環境の整備や職業の安定、人材育成などは労働省が行っていました。その２つが統合して厚生労働省となったのは２００１年のことでした。その前年の２０００年４月に、高齢者の介護を社会全体で支えるために、40歳以上の人が納める介護保険料と税金により運営される介護保険制度が施行されました。この制度が導入されたことで、介護を必要とする人が少ない費用でサポートを受けられるようになったのです。時を同じくして、グループホームは国の在宅サービスメニューの一つとして位置づけられました。

　このグループホームでの生活は、認知症を発症していても自分の身の回りのことがひととおりできることが基本です。立ったり座ったり、物を運んだり家の中を歩いたりする日常生活は認知症の進行を遅らせる効果があるため、非常に有効です。これは大きなメリットといえます。家事を行うことは、体も頭も使います。自分の住み慣れた街の施設に入居することで、自分の家にいるのとあまり変わらない生活を送ることができる場所として、入居を希望する人が多いです。

しかしデメリットもあります。その一つは、医療ケアの問題です。グループホームには、看護師など医療スタッフを常駐させる義務がないため、体調を崩しやすく頻繁な医療行為が必要な場合は対応が難しいのです。また、自立歩行が難しくなるなど、身体的機能が低下し、グループホームならではの生活が困難になった場合には、退去しなければならない可能性があります。ほかにも、グループホームは共同生活ですので、人間関係の問題が挙げられます。入居者それぞれが自分の自宅にいるように振る舞い生活したのでは、衝突や争いが起こります。このホームを一つの社会としてとらえて、周囲に気を配り、入居者同士思いやることができなければ、非常に居心地の悪い場所となります。もちろん、認知症が重度に進行したり、高度な介助を要するようになった場合にも、退居の可能性が出てきます。入居する前に自分が住んでいる地域にあるグループホームがどんなところかよく見て考える必要があります。

特別養護老人ホームの構造と問題点

老人保健施設で自宅復帰が認められなかった高齢者のもう一つの行き場に、特別養護老人ホームがあります。介護老人福祉施設とも呼ばれている場所です。この施設は、自宅での生活が難しいと判断された常時介護を必要とする高齢者が入所の対象で、入浴、排泄、食事といった生活全般の介護、日常生活における世話を受けられますし、24時間体制で介護士が常駐しているので、深夜でも何かあったときに助けてもらうことができます。また看取りまで行うことも多いので、ここで生涯を終えることが可能となります。ほかにも機能訓練や健康管理、病気や怪我をしたあとの療養で必要な手助けなどもしてもらえます。特別養護老人ホームのなかには、利用者ができる限り自立した生活を送れるように、定員を29人以下に定めた地域密着型介護老人福祉施設というものもあります。

民間が運営している有料老人ホームと違い、特別養護老人ホームは自治体や私たちのような社会福祉法人が運営している公的な施設のため、費用の負担が比較的少なく、介護保険を適用することができます。そのため、我々の地域では入所希望者が多いです。居室は、施設によって異なりますが、一般的には「多床室」「従来型個室」「ユニット型個室的多床室」「ユニット型個室」があり、多床室は病院でいうところの4人部屋のような部屋です。実際には2人から4人が同室で生活していることが多いようです。従来型個室は4人部屋が一般的とされていますが、そのなかに一部2人部屋や個室があります。ユニット型個室的多床室は、病院でいうところの大部屋のようなところを、簡易的な壁で仕切って個室のような空間を作りだしたスペースです。この場合、入所者は自分の空間をもつことができますが、隣同士の音などは筒抜けになるため、プライバシーを気にする人には不向きといえます。ユニット型個室は、10程度の個室を一つのユニット（集合体）として全室個室になっており、ゆったりと自分だけの部屋をもつことができます。

また、特別養護老人ホームには、普段は自宅で家族が介護をしているが、一時的に要介護者を預けることができるショートステイといわれる短期入所療養介護や、日帰りで利用するデイサービスといわれる通所介護といった介護保険の給付対象となるサービスがあります。

比較的費用がかからず、安心して介護を受けられる場として、特別養護老人ホームを終の棲家として選ぶ人は多いです。でもここにも問題点はあります。

1．入所を希望し、申し込んでもすぐに入所できるわけではなく、場合によっては長い期間待たされることもあるのが現状です。

2. 要介護３以上の認定を受けた人しか入所できません。要介護３とは、足腰が不安定で、着替えが一人でできず、トイレや入浴に介助が必要な状態です。ただし、家族がなく、介護できる人が身近にいない人や、深刻な知的・精神的障がいのある人、家族から虐待を受けているといった特殊な事情がある場合には要介護１、２でも特例で入所することができます。

3. 自己負担額があること。特別養護老人ホームは全額保険が適用されるわけではありません。居室費、食費、日常生活費などは自己負担となります。居室の種類によって、かかる費用が異なります。個々の経済事情に合った部屋を選ぶことが大切です。

4. 医療的ケアが手薄なこと。特別養護老人ホームは嘱託医を配置する決まりがありますが、嘱託医は月に１、２回診察に来るだけというのが一般的です。そのため、緊急対応が必要になった際に、すぐに医療的ケアを受けることができません。

5. 重度認知症患者は、入所時に断られることがあります。その状態によりますが、暴言や暴力などにより、周囲の入居者に迷惑をかける恐れがあるからです。

現在、多くの利用者がいる老人保健施設、グループホーム、特別養護老人ホームにはそれぞれ非常に優れているところもあれば、問題点もあります。まだまだこれから改善していくべきところや新しく取り入れるべきサービスがあるように思います。私が理事長を務める医療法人と社会福祉法人が運営する施設においても同じです。時代とともに利用者が変わり、求められるものも変わってきます。一度施設を作ったらそのまま継続していけばいいものではありません。利用者が快適に過ごせる介護施設であるためにどうしたらいいのか。私にその答えを教えてくれたのは、愛知県で第一号となる老人保健施設を作った母でした。

来る高齢社会を見据えて施設を作った母の思い

我々の社会福祉法人の理念は「こころ　のびのび　からだ　いきいき　いのち　きらきら」です。この理念には、ここで暮らした日々がいちばん良かったと利用者に思ってもらえる場所であり続けようという思いが込められています。

法人名は「せんねん村」というのですが、この名前は、21世紀を迎えた２００１年、ミレニアムである年にスタートしたことから、これから「千年」先まで、いろいろなこと（仕事、遊び、暮らし、人生）に「専念」できるようにという願いから付けられました。原点は、来る高齢社会に備えて何かしなければと、１９８９年に母が開設した西尾老人保健施設にあります。当時はまだ介護保険法が成立する前でしたし、ようやく老人保健施設というものが創設され始めた頃で、老人保健施設といっても、それがどういうものなのか世の中に知られていない時代でした。そんななかで母は西尾市に老人保健施設を手探りでスタートさせたのです。

　母は、自分の兄が開業医だったため、結婚前は兄の病院の受付業務などを行っていました。結婚後は、19床の有床診療所である中澤整形外科で病院給食を作ったり、職員の給与管理・経理を担当したりするなどして夫のサポートをし、中澤整形外科を軌道に乗せる手伝いをしました。そして約10年後、老人保健施設を作ろうと動き出したのです。

　母は診療所に来る患者と接するなかで、これから高齢者が増えていくといったことを敏感に感じ取っていたのだと思います。「このまま個人経営で一人の医者が患者を診ていく形の整形外科だけでは、医者が何人もいる大きな病院の整形外科に太刀打ちできなくなっていくだろう」と両親が話しているのを聞きました。それは、このまま一整形外科診療所として細々と続けていくのではなくて、もっと先を見据えて、これから求められていく高齢者のための医療や介護といったものもやっていくべきだという意思表示だったのだと思います。

　そんなとき、タイミング良くこれから老人保健施設というものができていくらしいという話を耳にし、今動けば愛知県第一号の老人保健施設を作ることができると、自ら動き始めたのです。もともと母は、人のため社会のために自分ができることは何かを考えて、これだというものを見つけると先を見越して自ら調べ、情報を集め、それを形にするべく実行に移す人でした。まだ誰もやっていないことにチャレンジしていくのが好きな人でした。

　困っている人や社会で問題になっていることのために自分が何かしたいという強い気持ちが原動力になっていたのではないかと感じています。ちょうどこの頃、両親から「これから今まで以上に忙しくなるから、いないものと思って自分たちの力で生きていきなさい」と言われたことがあります。それくらい、人のため、社会のためにできることを自分たちがするのだという気持ちが強かったのでしょう。おかげで私たちきょうだいは、子ども時代に半強制的に精神的自立を身につけることができたのではないかと感じています。

愛知県第一号の老人保健施設

老人保健施設を作るにあたり、母は霞が関の厚生省に直接足を運んだり、勉強会に参加したり、下調べを重ね、具体的にどのような施設を作るべきなのかを構想していきました。その後、具体的な申請手続きを開始します。その最初が、地元の医師会に「老人保健施設を作りたい」旨を意思表示することでした。１９８４年に中澤整形外科は医療法人化し、２年後の１９８６年には診療所を病院化していました。医師会とのつながりは父がサポートして成し得たものでした。

医師会とは、全国47都道府県にいる所属会員によって組織される学術専門団体で、医道の精神を高め、医学および医術の発達、公衆衛生の向上を図り、社会福祉を推し進めることを目的に、医師の生涯研修、地域医療の推進発展、保健医療の充実など、さまざまな活動や提言を行っているところです。老人保健施設を作るには、まずこの地元医師会の承認を取らなければならなかったのです。医師会でこの話が持ち上がったとき、父が「やらせていただきます」と言ったという話は聞いています。医師会の許可を得たら次は愛知県です。当時はまだこうした申請についての制度が確立されていなかったため、具体的に動き出すところまでたどり着くのが大変だったと聞いています。

この老人保健施設を作るにあたり、ハワイなど海外の類似した施設、例えばシニアハウジングホームなどの視察もしていました。自分が見てきた施設をモデルにして、リハビリを行う場所やレクリエーションホールを作って、さまざまなアクティビティを実施したり、トイレの大きさなどにこだわったりしました。さらに、これから認知症の人が増えていくだろうと予測して、認知症の方専用のフロアを作っていました。

ニーズが先にあり、制度はあとからついてくる

老人保健施設を開設したのち、母がすぐに取り入れたことのなかに、現在の私の活動に通じているものがあります。朝7時から夜9時頃までの利用時間を拡張したナイトケアです。１９８０年以降、共働きの家族は年々増えていたことから、利用者とその家族から、朝早くから夜遅くまで預けられる施設が必要だといった声が上がってきたのです。その頃はまだ介護保険制度ができる前で、長時間預けられる施設が西尾市にありませんでした。そうした声にすぐに反応し、利用時間を長くした取り組みは、利用者家族からとても喜ば

れていました。母自身が猛烈に働く人だっただけに、自分でも本当に必要なサービスだと実感していたのではないかと思います。

今はナイトケアは行っていませんが、母はよく制度はあとからついてくると口癖のように言っていました。実際、母が始めたことが、のちにできた制度のなかに組み込まれていたりします。母は、誰かが必要だと思っていることをいちばんに形にすることで、それが本当に必要だという証明となり、世の中が少しずつ良い方向に変わっていくのだと信じていました。そのために最初に気づいた自分がいちばんに実行すべきだと考えていたのです。

この老人保健施設を作ったことがターニングポイントとなり、母はモデル事業として訪問看護ステーションや在宅介護支援センター、デイケアセンターなどの事業所を作ったり、ヘルパーやケアマネジャーの相談事業所を開設したりと、その後も新しい事業のために動き続けました。

父は母の最大の理解者として、母が忙しく動き回っているときも、毎日変わらず目の前の患者を診察し続けながら、母がやりたいということに対してできる限りのサポートをしていました。結果として、母が経営者として事業を拡大し、父は医師として患者を診ながら医療法人、社会福祉法人の理事長として母を支えていったのです。そういう意味では夫婦二人三脚でやってきたといえるのかもしれません。

その頃の日本ではまだ介護というと家族が見るものという考え方が定着していましたが、母のような活動家が道を切り拓いていったことで、少しずつ介護はプロに任せていいのだという時代になっていきました。まだまだ家族が負担する部分はあるものの、それぞれの家族の状況に合わせて利用できる施設をうまく使うことができる時代になってきたと感じています。

私がまだ医学生だった頃、母についてアメリカへ視察に行ったことがあります。そこで見たのはナーシングホームという施設で、介護だけをするのではなく、看護師がいて医療的ケアや看取りまでするというものでした。このような施設に入るにはそれなりに資金が必要ですから、家族に負担をかけたくないと思うなら自分でちゃんと費用を用意しておかなければならないという話を聞かされました。そもそもアメリカは、子どもが親の面倒を見なければならないという考え方が日本よりも薄い傾向があります。もちろん放置して見捨てるようなことはないとしても、基本的には親であろうが子であろうが、自分のことは自分で責任をもつというのが文化のベースにあるのです。今思えば、母が私をそうした海外の視察に連れて行ったのは、来るべき超高齢社会に備えて早くから勉強させるためだったのではないかと感じます。

母は自分の法人のスタッフを、スウェーデンやデンマークなど北欧の福祉の視察に行かせたりもしていました。その頃、北欧ではすでにユニットケア（自宅に近い環境で過ごせる介護施設）が当たり前のように取り入れられていて、その実情を見たスタッフは、日本でもいずれユニットケアが制度化されていくのだろうと実感したと話していました。

こうして母がやってきたことを振り返ると、私が今行っているマイクロ・ニーズに応える取り組みは、なにも特別なことではないと感じます。母のような先人が立ち上げたものを引き継いだ結果なのです。

次なる事業への出発

両親は老人保健施設を立ち上げて、すぐにその限界を感じました。老人保健施設は、病気などで入院していた高齢者が、退院後自宅に帰りそれまでの生活に戻ることが困難と判断された場合に、在宅復帰の準備のために入所する施設です（よく中間施設と表現されます）。また、住み慣れた家で安心して生活を続けるための通所サービスや、在宅への訪問支援サービスも行います。簡単にいうと、病院と自宅の中間の場で、介護やリハビリを受けながら在宅復帰を目指すところです。しかし、なかなかリハビリなどの成果が出ないからと、ずっと施設にい続けることはできません。基本的に老人保健施設にいられる期間は限られていて、その後の行き先を考えなければならないのです。3カ月に一度退所審査が行われ、在宅復帰が可能と判断された場合には退所が求められます。また、そうでない場合は、自宅に戻ることなく、特別養護老人ホームへ入居するというケースもあります。自宅に戻れるとなった人はそれでいいとして、そうでない人はその後どうしたらよいのかという問題が出てきます。当時、高齢社会、超高齢社会と問題が深刻化していくなかで、老人保健施設があればそれで解決というわけではなかったのです。老人保健施設のあと、自宅に帰れない高齢者が、自宅に戻って生活しているかのように安心して暮らせる終の棲家が必要だということに母は気づいたのです。

そのためには当時は、特別養護老人ホームを作る必要がありました。特別養護老人ホームの開設者は社会福祉法人または行政でなければなりません。こうした経緯で父が理事長となり社会福祉法人を設立することになりました。その当時、医療法人が目指していたものは、トータル・ヒューマン・ケア・コンプレックス、つまり人生のあらゆるシーンにおけるケアを追求し、サービスを提供する複合体の実現です。老人保健施設をはじめ、医療、各種相談、情報提供、施設ケア、在宅ケアを展開してきたなか、社会福祉法人の設立は必然でした。その最初の取り組みが、特別養護老人ホームを作ることだったのです。

利用者のマイクロ・ニーズに応えた全国で先駆けとなったユニットケア

両親は自分が開設した施設の利用者一人ひとりに寄り添い、利用者が不便に感じていたり困っていたりすることがあれば、それをなんとかして改善しようと常に努めていました。今は当時と違って、全国に多くの高齢者施設があります。しかし、そのほとんどは施設側が管理しやすいように運営されているもののように思います。それでは利用者は窮屈な暮らしを余儀なくされますし、それまで自分でできていたこともできなくなってしまう恐れがあります。そうではなくて、利用者にそれまでの生活とあまり変わらない快適な生活空間を施設側が提供するのが本当に求められる施設運営ではないかと思います。

施設の建物にもこだわり、利用者を第一に考えた造りを意識してきました。その本質は利用者の小さな声に応えることでした。

老人保健施設を作ったのち、自宅での生活が難しい人たちのための特別養護老人ホームを作ることにしたときも、全国の特別養護老人ホームへ視察に行き、いかに利用者が過ごしやすくするかを追求しました。当時増え始めた特別養護老人ホームは、１部屋に４人が生活するスタイルが主流でしたが、母は利用者一人ひとりが快適に過ごせる場にしたいと考え、海外の施設を見て回り、検討を重ねました。そして、まだ日本ではなじみのない、個室ベースのユニットケアを取り入れることにしたのです。当時の高齢者は現代の人ほどプライバシーに敏感ではなかったのだと思いますが、近い将来、団塊世代の人たちがこうした施設に入所してくることを考えると、個々のプライベートスペースは必須だろうと考えていたのです。

　特別養護老人ホームを建てるにあたって、母はいくつもの施設を見て建物の構想を練っていたのですが、そのなかで特に影響を受けたのは、のちに愛知県長久手市長となる吉田一平氏が１９８７年に開設した特別養護老人ホームでした。この施設は木をふんだんに使っていることが特徴で、母の目にとても魅力的な建物として映りました。そこで、その施設の設計を手掛けた石榑繁樹さんに声を掛けたのです。

　石榑さんは木を使った建物の設計が得意で、母が考えるユニットケアを取り入れた特別養護老人ホームを詳細な絵に描いて見せてくれました。当時、日本は森林が荒れていることから木材の利用が推奨されている時期でもあり、また日本人はもともと木造住宅で暮らしている人が多いことから落ちつける空間になるだろうという考えから、木造にこだわったのです。石榑さんとは、特別養護老人ホームが完成したあともお付き合いが続き、新しい施設を作ろうと計画するたびに、どういう建物にするのかスタッフとともに熱心に語り合っていました。

地域の人たちのために施設を作る

母は特別養護老人ホームを作るとき、その場所は自分が暮らす西尾市内であることにこだわっていました。母のなかで、今後新しい施設を作るにしても、西尾市内に根を張り、周辺他市には進出しないと決めていたのです。自らが育ち、結婚し、地域密着で仕事をしている土地に作りたかったのです。そこには、自分が西尾市での暮らしを愛しているからこそ、西尾市に暮らす人々のための施設を作りたいという思いが強くあったのだと思います。そうすることで、新しい施設を作ったとしても、自分の目が行き届き、何かあればすぐに飛んで行き対処できて、利用者とその家族が安心し、満足できるサービスを提供することができると考えていたのです。自ら町内会に所属し、近隣住人との交流を積極的に行い、ご近所からの施設への苦情にも誠心誠意対応していた姿を覚えています。

そうした母の行動は社会福祉法人内に受け継がれ、今、西尾市内に4カ所ある施設もそれぞれ町内会に所属し、近隣で開催されるお祭りに参加しています。グループホームの利用者たちはお祭りに、マッシュポテトのケーキや栗きんとんなどを作って出店しています。また、防災訓練も一緒に行っています。ここ数年はコロナで中止していましたが、施設では町内の子どもたちを招いて夏祭りを実施します。花火を上げたり、屋台でカレーライスを出したり、お団子やフランクフルトを売ったり、射的などの遊びコーナーを作ったりして交流を図っています。

木をふんだんに使ったユニークな終の棲家

特別養護老人ホームをはじめ、せんねん村の施設の建築コンセプトは7つあります。1．周辺の風景にマッチした建物、2．暮らしの場であることを重視した建物、3．個が大切にされる建物、4．環境に優しい建物、5．自然の通風・彩光を重視した建物、6．汚れやキズが味や温もりになる建物、7．高齢者に寄り添う建物です。

第一号として建てられた特別養護老人ホームの建築は、圃場整備事業の余剰地で、起伏がまったくない土地を活用しました。この場所に決まるまでに候補地が二転三転したため、石榑さんはその都度図面を引き、模型を作るといった作業の労を惜しまず何度も行ってくれました。スタッフみんなと一緒にいろいろなアイデアを出し合うことを楽しまれていたようです。その結果、とてもユニークな建物に仕上がりました。

完成した建物を見ると、母が建設するにあたり建物に導入したいと願っていた「生活の場であり終の棲家にふさわしい建物」「当たり前の暮らしを施設に取り入れる」「居場所、行き場所、隠れ場所のある施設」という３つのコンセプトが自然な形で取り入れられていました。

終の棲家としてふさわしいと考えていたのは、西尾一帯によく見られる住宅に共通する建物で、部屋は狭くても個室、台所やお風呂も近くにあり、生活の匂いが漂うものでした。また木材で周囲の田園風景にマッチさせ、近所に見られる民家がいくつか連なったような形にすることにこだわっていました。そうすることで暮らしが感じられ、地域の景観になじむと考えていたのです。最終的には、建物は全部で３棟あり、それらが中庭を囲むように配置され、回廊で結ばれた造りになりました。中庭には、建物を通らずに、門から石畳の小路をたどり、渡り廊下の下を通れば直接行くことができるようになっています。

開放的で、閉鎖感がない造りです。この特別養護老人ホームは、医療福祉建築賞を受賞しました。

利用者を閉じ込めない施設作り

利用者を「閉じ込めない」ということもとても重要視していたことの一つでした。老人保健施設を作って以降、母は認知症のケアがどれだけ大事であるかということに気づき、認知症について調べ、学ぶなかで、介護する側や病院、施設が認知症患者を「閉じ込める」「拘束する」といったことに不自然さを感じていたのです。

老人保健施設を作った頃、自宅で認知症の家族を介護している家庭のなかには、徘徊が起きるようになると、家に閉じ込めたり、部屋から出られないように外から鍵をかけたり、誰もそばにいられないときには外に出られないようにいたしかたなく拘束をするといったことがありました。私が病院に勤めていたときにも、患者が治療のために拘束されるのは珍しいことではなく、当たり前とされていたのです。老人介護施設等では認知症患者のことを「痴呆」と呼び、彼らを施設の外に出さないということを第一に考え、完全に社会から隔離していました。しかしそれでいいはずがありません。「拘束」するということは、その人の尊厳を著しく傷つける行為です。拘束される側の人間性を壊してしまう危険性があります。

厚生労働省でもそうした事態を深刻にとらえて、２００１年に介護保険の適用を受けている施設（老人保健施設や特別養護老人ホームなど）では、やむを得ない場合（自傷行為など）でない限り、身体拘束を禁止する制度ができました。

私たちの施設では、この問題についてもいち早く問題意識をもって、「閉じ込める」「拘束する」ということを徹底的に排除しました。全国に新しく開設された老人保健施設や特別養護老人ホームでは、建物を建築する際に回廊型という、歩き続けても出口にたどり着けないような構造が薦められていた時代でした。

こうした問題意識から作られた施設は、閉鎖的な空間を排除し、明るく開放感のあるものになり、認知症患者を含めた利用者全員が、それまで過ごしてきた日常生活の延長として普通に暮らしていける場所としたのです。

その頃、母がスタッフによく言っていたことは「認知症だから帰宅願望があるのではない。誰だって住み慣れた自宅がいいと感じるものなのだ」ということでした。また、「誰だって天気のいい日には外に出たくなるじゃない」とも話していました。現在、私自身も認知症患者の診療をしていて、夕方になると家に帰りたくなるのは普通のことといつも感じています。

こうした考えから、誰でも入ってくることができて、誰でも外に出ることができる造りの建物になりました。この当時としてはかなり冒険的な建物だったと思います。スタッフみんなが徹底した拘束ゼロは、今では当たり前のことになっています。

開放的な造りで拘束ゼロというのは、スタッフの負担は大きかったと思います。その部分に関しては、この施設の理念である「大切にします。あなたの個性。今日も一日、良い日でしたと言っていただけるように」という考え方を理解し、共有して仕事をしてくれるスタッフによって支えられています。せんねん村の特別養護老人ホームは完全個室のユニットケアで、小規模でのケアを行っており、比較的スタッフの目が届きやすい建物の造りになっています。また、徘徊を繰り返す方のケアに慣れたスタッフが育っていきました。

グループホームの徘徊対策

私たちの施設のなかに認知症グループホームがあります。特別養護老人ホームを開設したのち、２００４年から始めたものです。グループホームとは、認知症対応型共同生活介護のことで、共同生活住居において、家庭的な環境のもとで入浴・排泄・食事などの介護、その他日常生活上の介護や機能訓練を行う場です。このグループホームの利用者の方のなかには、認知症と診断されており場所の認識が乏しかったり、自宅に帰りたい気持ちが強かったりして施設の外に出てしまう人がよくいます。

そうした利用者への具体的な対処法としては、彼らが建物の外に出た場合には「お散歩」と称してスタッフが同行するか、見守るようにしています。もし居所が分からなくなったときには「ハイキング」と呼称し、利用者が怪我をしたり事故に遭ったりすることがないように、まずいちばんに警察に連絡します。また市から市内放送で住民に問い掛けることもあります。

でも実はそうしたときに最も力になってくれるのが、施設の周辺に暮らす住人の方々です。そういう事態に備えて、日頃から交流をもつようにし、つながりをつくり、利用者と顔見知りになってもらうようにしています。

グループホームでは、ゴミ出しなど自分でできる人は自分でやってもらうようにしているので、ご近所の方と挨拶をしたり、会話をしたりします。そのため、いざ認知症の症状が悪化して「ハイキング」をするようなことになっても、近所の人たちがわりとすぐに気づいてくれて、「たぶん○○さんだと思うのだけど、今外に出て駅のほうに歩いて行きましたよ」と連絡をくれるのです。こうした近所の人たちとつながりをもつということはとても大事なことだと感じています。

また、グループホームの利用者が「ハイキング」に出て、駅まで行き電車に乗ろうとしたこともありました。でもお金がなくて困っているところに駅員さんが声を掛けてくださり、その方が「せんねん村に連絡すればお金を払ってくれるから」と言ったことで大事に至らずにすみました。

でも誰も迷惑をかけたくて徘徊するわけではありません。それに、認知症は誰にでも起こり得る病気です。明日はわが身だということを忘れてはいけません。聞き慣れた言葉に「困ったときはお互いさま」という言葉がありますが、そういう気持ちをもって、将来自分もそうなる可能性があるのだと思ってみれば、迷惑だと思う気持ちは減少すると思いますし、また近所にそういう人がいたら気に掛けるということも当たり前にできるようになってくるのではないかと思います。それが地域の見守りの意識変革につながってくれたらと思っています。

最近の体験に、散歩中の利用者に近所で畑仕事をしている方が切り花をプレゼントしてくれたことがありました。長く積み重ねてきた結果でもありますが、本当に近隣の方々には助けられています。でもこれが地域密着で西尾市内での施設運営を続けてきた私たちの一つの強みだとも感じています。

施設を見学に来た地域の人から「ここなら親を入れても後ろめたく思わないですみます」と言ってもらえたことが、母は忘れられないと言っていました。

のちに特別養護老人ホームの中庭に木造の託児所を作ったときは、中庭で遊ぶ子どもたちの姿を利用者がほほえみながら眺めている様子を、母はとても喜んで見ていました。

ビートルズ世代の利用者を想定してリニューアル

愛知県ではいちばん古くなってしまった西尾老人保健施設を、２０２２年にリニューアルオープンしました。開設してから33年が経ち、建物・設備が老朽化していたことと、時代が変わり、現状のままでは利用者から選ばれにくい施設になってしまっていたことから、リハビリテーション病院の隣に新築移転したのです。

今回のコンセプトは、「これからの時代の利用者に『ここがいい』と選んでもらえる施設にする」でした。部屋の造りも見直し、特別養護老人ホームのようにすべてを個室にはできませんが、大部屋は一般の病院の入院病棟のようにカーテンで仕切るのではなく、1部屋4床にして間仕切り家具で仕切り、しっかりと個々のスペースを取るようにしました。また、これからは個室のニーズもあるだろうと、個室の部屋も用意しました。今後、団塊世代の人々が新たな利用者になっていくことを考えたら、その方たちに選ばれる形にしなければならないと思ったのです。

スタッフには「今までは利用者は民謡や美空ひばりが流行った世代の方々だったけれども、これからはビートルズやローリング・ストーンズ、クイーン、ジャズなどを聞いていた世代の方々が利用者となる。そこに応えられるような施設を考えてほしい」と話しました。

〝無駄〟なスペースを大事にした新・老人保健施設

新しくする老人保健施設の建築は古くからお願いをしている石榑さんをはじめ、ほかの建築会社にも声を掛けて、コンペで決めました。そのとき私は、自身が理事長を務めるあいちリハビリテーション病院とせんねん村の特別養護老人ホームの間のような建物をイメージして設計コンセプトを見せてくださいとお願いしました。結果、石榑さんに依頼することになりました。

石榑さんが木を取り入れた建築を得意とするのは、奥三河の材木屋の息子さんで、建築家になってからも木を大事にしているからで、木の使い方に関してはプロ中のプロといえます。彼の建築するものは木や自然のものを取り入れて作られています。それが彼の創作物に対するコンセプトなのです。人が心地いいと思う開放的な住まいというのが私たち法人施設の建物に貫かれているテーマですので、それを具現化できる人というと、石榑さんのほかにはいないように思います。

鉄筋コンクリートや軽量鉄骨で作った真四角の建物は、強度があって効率的ですが、どうしても単調で閉鎖的な印象が出てしまいます。しかし、木を使えば複雑な形や柔らかさを表現することができます。そういう遊び心のある面白いものを石榑さんは私たちに提供してくれるのです。

自然への負荷が少ない木を使った建物は、世間的にもトレンドになっているようです。例えば自然に対する意識が高いオーストラリアや北欧では、高層の木造のビルが作られ始めています。これからますます木を使った自然に対する負荷が少ない建築物というのは需要が高まっていくのではないかと思います。

石榑さんいわく、今回の新しい老人保健施設を作るのは大変だったそうです。今回の施設の建築は、かつて石榑さんが作ってきてくれた私たち法人のいくつもの施設があったからこそ成し得たものだと感じています。

今回の建築依頼のコンペで、石榑さんを含めて約5社から、どんな老人保健施設を考えたのか、イメージしたものを見せてもらいました。そのなかの1社が、施設を運営する側にとって効率が良くて、そこで働く人間からすると、利用者への目が届きやすく、管理がしやすい、動線も楽で、物の運搬もしやすくて、清潔なもの・使用済みのものもきれいに分かれていて、換気もしやすい、とてもよく考えられているものを提案してくれました。現場で働くスタッフにも意見を聞き、最初は「これがいいんじゃないか」という話になりました。でも、「じゃあここに入りたい？」と聞くと、ここはいちばん管理されやすい場所だということに気づき、「自分だったらここには入りたくないです」と言うのです。一方、石榑さんからの提案は、これまで作ってきた施設の考えを活かした形で、あえて死角を設け、利用者の居場所を作るというコンセプトでした。

利用者からすると、スタッフの目が届き過ぎる施設は、常に見られていると感じ、それだけで息が詰まってしまうけれども、スタッフの目が届きにくい死角となる場所があったり、無駄に思えるスペースがあったりすると、それだけで開放感を感じ、安心できるということに、改めて気づかされました。

最終的には、１階は防災の観点から水害のときのことを考えて鉄筋コンクリートを使用し、２階３階は石榑さんらしい木造の建物になりました。

リニューアル後、スタッフが利用者、特に認知症の利用者の動きを把握できなくなったり、見守りきれなかったりするのではとの心配がありましたが、現場スタッフが日常業務でインカム（無線機器）を使うことを考え、スタッフ同士連携を取り合うことで、利用者の動きをスタッフ全員で把握できるようになり、問題を解決に導きました。今回は、実際の建築が始まって以降、内部構造の細かい部分について、適宜報告を受けながら、現場スタッフに任せました。そうすることで、彼らが将来的に現場で仕事をしやすくなり、モチベーションも向上すると考えたからです。最終的にかなり贅沢な造りの施設になり、木の香りが漂う利用者に喜んで選んでもらえるものに仕上がったのではないかと自負しています。

テクノロジーの力をうまく借りる

　新しい老人保健施設で取り入れたインカムは、スタッフにとっても利用者にとっても非常にいい効果を生みました。認知症の利用者が施設から出てしまうようなことがあったときに、気づいたスタッフがすぐにインカムで報告することで、早めの対応ができたり、ナースコールが鳴ったときも手が空いているスタッフが「私が対応します」とインカムで呼びかけるだけで、目に見えないスタッフ同士の言葉のやり取りが増えたりしています。また自分が今誰のケアをしているのかをインカムで報告することで、利用者一人ひとりの状況がスタッフ全員の共有ごとになっていきました。

　インカムは飲食店をはじめ、百貨店やテーマパークなど、サービス業では当たり前に取り入れられているものです。でも閉鎖的な医療業界ではなかなか新しいものを取り入れることが難しい現状のなかで、現場で働くスタッフからこうしたアイデアが出てきたというのはとてもうれしいことでした。

　今回、私はスタッフに「広くなった新しい施設で利用者の方々への目が届きにくくなる可能性や、それにより生じるかもしれない危険性に対し、どのようなスタッフの負担軽減ができるか、みんなで考えてほしい」と言いました。私が「こうしよう」と提案をするのではなくて、自分たちで考えた働き方をしてもらいたかったからです。建物の細かい構造、例えば「ここに流しが１つあったほうがいい」といったことについても、今回は現場スタッフに決めてもらいました。その成果はありました。スタッフに自分たちの働き方を考え発言してもらうことは、これからの医療福祉業界には必要なことだと考えています。

また今回のインカム導入から、さらにスタッフの負担を軽減するために見守りカメラやセンサーなども取り入れました。すべてテクノロジーで管理するわけではありませんが、人の手と心と新しい技術でより良いケアを実践する必要があります。

「丘」を一つのコンセプトに

この新しい老人保健施設の名称には「彩り」という言葉が入っています。この「彩り」という言葉には、老人保健施設にはさまざまな役割があるという意味を込めています。さまざまな目的をもった利用者のニーズに応える役割を色に例えたのです。私たち法人内では、あいちリハビリテーション病院を「回復の丘」、新しくできたこの老人保健施設を

「彩りの丘」エリアと呼び、この一帯を「ＪＳＮ Ｌｉｆｅ ＢＡＳＥ」と定めました。

　この「丘」というのは、石榑さんがこれまで建築してきた施設に丘を取り入れていたことから来ています。最初に作ったせんねん村特別養護老人ホームのみどりの丘をはじめ、２０１０年に開院したあいちリハビリテーション病院の回復の丘、そして今回の「彩りの丘」です。私はこれらの丘を一つのコンセプトとしています。「丘」に上がると人は少しだけ高みに上がったように感じられます。例えばスタッフが経験を積み、成長をしたと感じることも一つ高みに上がったことになります。施設の利用者が施設内の丘を登るということはそれだけ体力・筋力・気力があるということで、回復を意味します。山だとハードルが高く、ちょっと登れないと思うけれども、丘であれば、少し頑張れば登ることができます。そういう意味でも「丘」はとても大切にしていることの一つです。

看取りの考え方を変える

　特別養護老人ホームには、人生の最期を迎えたのちに運ばれる霊安室が用意されています。現在では規制が緩和されて必須ではなくなっていますが、私は人生の最期までお付き合いするという意味で、なくてはならないものです。特に私の法人で運営している特別養護老人ホームでは、霊安室を施設内のほぼ中央、正面玄関に近い場所に設置しています。これは看取りの考え方を変えた画期的なものだと考えています。

病院に医師として勤務していたとき、私は患者が亡くなると運ばれる霊安室という場所に違和感を覚えていました。病院内の霊安室は、ほとんど人がいないひっそりとした場所にあります。そして、遺体が病院から運び出されるときには裏口からこっそり出されます。まるで悪いことをして人知れず密かに出ていくかのようです。そこには人生を終えた人への、「お疲れさまでした」という気持ちが微塵も感じられず、敬意を欠くものだという思いが私にはありました。

私たちは人が亡くなることを「風になる」といいます。特別養護老人ホームの霊安室は風の間と呼ばれ、施設内の自然の光と風を感じられる場所にあります。死は日常にあることで、特別なものではないという考えから、人生を全うした人たちを尊厳をもって送り出す形になっています。

この看取りの考え方は私の思いに添う、人生を全うした方々を送るのにふさわしいものでした。そこで、自分がリハビリテーション病院を作るときにも、暗い人気のない場所に霊安室を作るのではなく、せんねん村のように、個室で家族と一緒に過ごしてもらったのち、堂々と胸を張って正面玄関から送り出すという造りにしました。

これからも、死はタブーではないという看取りの考え方はずっと引き継いで、隠すことなく堂々と、敬意をもって送り出す姿勢を大切にしたいと思っています。

健康状態に合わせた5段階の食事

我々グループのネットワークでは、利用者がおいしいと思う食事を提供しようとこだわりをもって取り組んでいます。こういった施設ではたいていの場合、食事は外部委託をしていますが、そこをあえて施設内にフードサービス部を作り、管理栄養士や調理師、栄養士が協力し合って毎日チームで利用者のための食事を作っています。高齢者介護施設の場合、利用者により食べられるものが違います。通常の食事を普通においしく食べられる人もいれば、硬いものが食べられない人、流動食に近いものしか食べられない人などさまざまです。フードサービス部では利用者一人ひとりに合わせた食事を用意するのはもちろん、そのどれもがすべておいしいと感じられるように工夫を凝らし、人生の最期を迎えるそのときまで、できるだけ自身の口から食事をしてもらえるようにしています。そのために、大きく5段階に分けた食事形態を用意しています。1．ふつう食、2．たべやす食、3．そふと食、4．やわらか食、5．なめらか食です。

「たべやす食」は、野菜の繊維を断つように切り、歯茎で潰せる程度の硬さになるように調理しています。

「そふと食」は、舌と上顎を使い弱い力でも押し潰して食べることができます。加熱に不向きな食材もあるので料理に温かい餡をかけることで、温かい温度で食べることができるようにしています。

「やわらか食」は、「そふと食」よりもさらに肉や魚を軟らかく加工して調理をし、さらに弱い力でも舌と上顎で押し潰して味わうことができるようにしています。

「なめらか食」は、上顎に舌を押し付ける程度の力で飲み込める、ゼリーやプリン、ムースなどと同等の軟らかさで調理をしたものです。

この5段階の食事を利用者一人ひとりの健康状態に合わせて提供し、誰もが口の中で食べ物の感触や味が分かるようにしています。食べることは生きることです。おいしいものを食べれば人は笑顔になり、喜びを感じ、それが生きる力になり、食べることへの欲が生まれます。そうすると食べることが楽しみになり、自然と体が食べるために生きようとするのです。人が生きるためには食べなければなりませんから、この食への取り組みは、我々の大きな強みとして今後もこだわり続けていきます。

また施設ごとに食への取り組み方が違うのも特徴です。例えばグループホームでは、認知症の利用者がみんなでその日食べたいメニューを決めてスタッフと一緒にスーパーマーケットに買い物に行き、料理をしています。そのようにできるだけ自宅で過ごしているときと同じようなことをして、認知症の進行を遅らせることができます。料理の手際は、生活の基本の一つで、長年の経験で身についたものでもあり、誰もが楽しそうにキッチンで作業をしています。認知症で料理の手順は立てられなくても、指先の動きの良さには驚かされます。このように、グループホームでは食事を自分たちで作ることを取り組みの一つと位置づけて実施しています。

人生が終わるその瞬間まで自分の口から食事を摂取することにもこだわっています。食べるという行為は、人間が喜びを感じる大きな要素の一つです。老衰などにより徐々に食べられなくなっていく利用者にも介護スタッフが最期まで食事を提供しています。看取り間近の利用者に食べたいものを聞くと「ゼリーとか、コーヒーが欲しい」と自分の望みを教えてくれます。スタッフはそうした願いにできるだけ応えられるように、備えています。時には、舐める程度の少量のアルコールも許可することもあります。

例えば肺炎の疑いで入院していた70代の男性は、治療により呼吸状態や意識レベルが改善しましたが、食事摂取は困難という状態でした。胃ろう（腹部に開けた穴にチューブを通し、直接胃に栄養を注入する医療措置）などによる栄養摂取は家族も本人も望まず、看取り覚悟で施設に戻ってきました。本人に「何か食べたいか」と聞くと、両手を上げてしっかり応えたので、看護師立ち会いのもと、少量のスライスゼリーから摂取を開始したのです。しかし飲み込みの反応が悪くなっていたため、とろみのある飲み物の提供を試み、様子を見ながら提供量を調整し、無理のない範囲で亡くなる数日前まで口から食べてもらうことができました。

　ほかにも肺炎で入院していた80代の女性が退院から1カ月後、看取りの対応になりました。意識がはっきりしていたので、何か食べたいものがあるか尋ねると「コーヒー」と小さな声で、でもはっきりと言いました。担当の介護スタッフはどうしてもコーヒーを口にしてもらいたくて、看護師と相談し、吸引ケアが必要な場合に備えながら、その利用者の好みの甘さにしたコーヒーを少量ずつ飲んでもらうことができました。こうした事例が私たちせんねん村の施設にはたくさんあります。

高齢者の便秘問題を解消する

社会福祉法人の施設では、高齢者の便秘というのが、深刻な問題の一つとしてあります。便秘は生活の質を低下させ、健康状態に悪影響を及ぼすのです。便が腸内に長く停滞した状態でいると、お腹が張り、食欲が落ちます。それにより、炎症や感染症、栄養不足に陥る危険性があります。腸が動かないことで消化不良を起こすといった身体的な影響により、精神的な苦痛も表れます。認知症の患者は、便秘から症状が悪化したり、落ちつきがなくなったり、違和感から食事の摂取量の低下にもつながります。

便秘は、身体能力の低下や喉の渇きを感じにくくなることからくる水分摂取量の減少、薬の副作用や食物繊維が少ない食事などによって起こります。便秘を解消するために薬を使うこともありますが、それにより下痢や腹痛を発症したり、下痢が続くとスキントラブルの危険が出たりするのも問題です。

２０１６年、この問題をなんとかしようと、排泄委員会を立ち上げ、排泄ケアのレベルアップのために外部講師を招き、下剤に頼らないケアをするための取り組みを開始しました。委員会が掲げた大きな課題は３つ、１．スタッフの意識改革、２．スタッフの共通認識、３．職種を超えた協力体制です。共通の認識をもつために、毎月、委員会を開き、各部署から看護スタッフ、看護師、管理栄養士、言語聴覚士が集まり、情報を共有しました。次に下痢や硬便など、利用者の症状別の対処法や下剤の種類、効果、便通に効く食品などを一覧にした排便コントロール表を作成しました。便秘３日目くらいの利用者には、ハッカオイルを混ぜたお湯にタオルを浸して絞った温タオルを活用し、排便や排ガスを促すようにしたのです。さらに排便カレンダーを毎日つけ、食事と水分の摂取量、排便状況、下剤の服用、便秘に効果的な食品摂取状況を一覧にし、見える化しました。この一覧を毎月の委員会で全スタッフが見て、今後の対応と意見交換を行うようにしています。

　看護師や看護スタッフが利用者の様子から気づいたことを委員会に報告することで、薬の調整や食物繊維の多い食材を取り入れるなど、利用者一人ひとりに合わせた対応が強化されていったように思います。

　こうしたさまざまな取り組みの積み重ねにより、便秘で困っていた利用者が自然排便できるようになったり、毎食後下剤を飲んでなんとか排便していた人が下剤を服用する回数が減ったりと効果が出始めました。

　スタッフ全員が共通認識をもち、利用者一人ひとりの状況を把握し、それぞれの状態に合わせたケアを行っていく。これは私たちの大きな強みの一つだと感じています。

コロナを経て見えた課題

新型コロナウイルスの大流行により、医療、福祉、介護サービスのあり方が大きく変わりました。私たちの施設では、入所者の日常生活における家族、友人等との面会がゼロになりました。コロナ前は、それぞれの個室に家族が面会に来て、ともに過ごすことができましたが、それが許されない状態になってしまったのです。オンライン面会などを取り入れましたが、やはり対面とは感覚がまったく違い、せっかく家族と過ごせる心安らぐ時間のはずなのに、どこかぎこちなくよそよそしくなってしまっていました。家族間のつながりが寸断されたように感じました。また施設内の活動においても、コロナ前はお出掛けツアーや屋内でのイベントがありましたが、どれもできなくなりました。結果、利用者が部屋に引きこもる生活にならざるを得なくなってしまったのです。それは、利用者の身体的、精神的能力を著しく下げていき、認知症のある人は症状が進んでしまいました。また、体を動かすことが減った影響から、糖尿病になったり、その症状が進行したりする人も見られました。人は動き、活動することで身体機能を維持する生物なのだと改めて実感させられました。

リハビリテーション病院でも同様でした。病気になって入院したのち、家に帰って元のように家族と生活することを目標にリハビリをしているとき、家族の力がとても大事なのですが、それがほとんど得られません。それにより、患者の回復機能が損なわれてしまうケースもあり、病院も施設も、本来の使命を十分に果たせなくなってしまったのです。

コロナ禍があけたら、医療、福祉のあり方、家族のつながりや日常の活動といったものの価値を改めて見直さなければいけません。スタッフに関しても、医療も福祉もチームで動くことが肝ですが、コロナの影響で横のつながりが希薄になった印象があるため、見直す必要があると思っています。

地域に開放された場を目指して

コロナ禍でストップしてしまった活動のなかに、地域に開かれた施設にしようというものがありました。私は介護施設を、地域の人たちが自由に出入りできる場所にすることを目指しています。近隣で暮らす人たちが気軽に立ち寄れる場所にすることで、入所者がさまざまな人とつながれます。人とつながることは生きる力になります。まずは地域交流スペースをしっかり開放して地域に浸透させていく構想を進めています。

西尾市は転入してくる人がそれなりに多い地域なのですが、新しい移住者が町内会に加わるということはあまりなく、地域の横のつながりが希薄になって町内会そのものも衰退していってしまうという問題を抱えています。これは西尾市に限ったことではないと思いますが、こうした問題にも地元の町内会の人たちと一緒に取り組んでいきたいと思っています。例えば、公民館の老朽化が深刻化しているのですが、建て替えの費用は簡単には作れないため、代わりに私の施設の一部を開放して使ってもらうことができないか、検討中です。

福祉施設や病院は地域の一部であり、決して隔離場所のようなものではありません。入所者とその家族はもちろん、スタッフも地域の人たちも一緒になって、ともにこの場所で過ごす一員であるという開かれた関係であることが大切です。そのためにさまざまな小さな声を拾い集めて解決をともに目指す活動が必要になりますし、そうした行動を通して人と人は結び付いていくのです。コロナ禍で皆が家にこもってしまう状態に追いやられてしまいましたが、改めてそれを開いていくために今まで以上の努力が必要です。

第2章

【障がい児支援】
母親たちの切実な声
～障がいがあっても学校に通わせたい～

障がい者支援は社会福祉事業の課題

社会福祉とは、生活するうえで自分の力だけではどうにもならない問題を解決、または手助けするための、社会的な支援です。この社会福祉を目的とした事業が社会福祉事業になります。社会福祉事業には、特別養護老人ホームやデイサービス、ホームヘルプといった高齢者のためのものだけではなく、障がい者支援施設、重症心身障がい児施設、保育園や相談事業などの運営も含まれます。

高齢者問題の深刻さは世間一般に知られていますが、障がい者や障がい児などの問題についてはまだあまり知られていないのが現状のようです。

厚生労働省の調べでは、2017年時点での障がい者の概数は身体障がい者が436万人、知的障がい者が109万4000人、精神障がい者が419万3000人いるとされています。合計すると964万7000人に及び、国民のおよそ7・6％に相当します。そのうち、18歳未満の障がい児の数は、28万2000人といわれています。

私は医療福祉の世界で生きる人間として、またリハビリテーション科の医師として、障がいのある人たち、特に障がい児の行く末が案じられてなりません。障がいをもって生まれてきたことで、社会的な差別を受けたり、そういう子どもを抱えた親、特に母親が苦労を強いられたりすることを考えると、こうした問題をなんとかできないかと思います。

障がい児の子育てもしやすい環境に

２０１７年の厚生労働省の調べでは、在宅で家族が面倒を見ている18歳未満の障がい児は、身体障がい児がおよそ6万８０００人、知的障がい児が21万４０００人、合計28万２０００人いるとされています。また20歳未満の精神障がい者で家族が面倒を見ながら生活し、病院に通院している人は推計27万３０００人といわれています。

障がい児を抱えての生活は並たいていのことではありません。例えば寝たきりの状態であったり、自分で何もできないほどの障がいがあったりする場合には、家族、特に母親がその子につきっきりで面倒を見ているケースが多く見受けられます。

少子化が深刻な社会問題となるなかで、子育てしやすい環境をつくる子育て支援も大切です。そこにプラスする形で、障がいのある子どもたちの支援についてももっと考え、子どもたちとその家族を助ける必要があるのではないかと思います。

私がこんなことを考えるようになったのは、せんねん村が高齢者支援事業を行ったあと、子育て支援として保育事業を始めたことがきっかけです。保育事業に参入したことにより、私が暮らす西尾市にも多くの障がい児がいて、その親たちが助けを求めていることを知りました。

社会と地域が子育て支援を行うことが少子化を改善する

現在、せんねん村には2つの保育園がありますが、保育事業への参入も母の思いからでした。母は高齢化問題に目を向けていくつもの施設を作るなかで、少子化問題にも対応が必要だと考えたのです。その理由はいくつかあります。

1. 保育事業（子育て事業）が充実していけば、本当なら共働きをしたいのにできずにいる家庭を助けることができる。
2. 生活に余裕がないから子どもは一人でいいと考えていた夫婦が、自分たちが暮らす地域の子育て支援が充実していれば、もう一人子どもをもつことを考えるきっかけとなる。

３．しっかりとした子育て支援、例えば保育園などで早くから子どもがいろんな人たちと交流することで、しっかりとした人間に育てていく手助けができる。

そうやって社会と地域が子育て支援を行えば、若い人たちが結婚をし、家庭をもち、子どもを産みやすくなっていきます。また、子どもたちがしっかりとした人間に育てば、彼らが良い働き手となり、きちんと納税をするようになります。その結果、今度は彼らが次世代となる子どもたちを産み、育てていくことにつながっていくのです。

園児にも通じる高齢者への言葉の掛け方

母が１つ目の保育園を委託事業として始めようとした２００３年頃、西尾市では市が運営する直営の保育園を統廃合し、民間に委託することが決まりました。理由は少子化が進み、直営で経営していくのが難しくなったためでした。

これをチャンスととらえ、すぐに委託事業として保育園を運営したいと申請書を提出しましたが、保育事業の実績がまったくない法人では難しいとして、希望は通りませんでした。しかしそれで諦める母ではありません。すでに将来園長となるべき人を雇うなど準備を始めていたからです。

そのとき母が保育園の園長をお願いしたのは、杉浦孝子さんという保育士の先生でした。実は杉浦先生は私が子どもの頃に通っていた保育園の先生で、私もお世話になった人でした。この事業を始めるにあたり、自分の息子がお世話になった、信頼できる先生ということで声を掛けたのです。杉浦先生はそれまでずっと保育士として仕事をしてきた人ですから、最初は「自分に園長が務まるのだろうか」と戸惑いがあったといいます。でも母の熱意に押され、引き受けることにしたとのちに語ってくれました。

しかし保育園の運営実績がなかったことから、すぐに事業は開始できません。そのとき、母は杉浦先生に自分が切り盛りしている社会福祉法人のことを知ってもらいながら、保育園を運営することになった際、どのような保育を実施していくのか、その構想をじっくりと考えてもらうことにしたのです。

杉浦先生は当法人で事務や雑多な仕事をするなかで、施設のゆったりと優雅で温かな雰囲気と、スタッフが利用者一人ひとりに寄り添い、まるで自分の家族のように接する様子がとても印象に残っているといいます。「スタッフの方々の利用者さんへの言葉の掛け方は、保育園での多種多様な子どもにも通じるものがあるように感じ、とても参考になりました」と当時を振り返り教えてくれました。

子育て支援に必要なのはいつでも頼れるサービス

２００４年、再び市から保育園の委託事業者の募集が出ると、母はその当時の時代背景、子育てにおける現状、女性の目線から子育て中の女性たちに今何が必要かを分析、調査し、当法人でできることを簡潔にまとめ申請しました。２度目のチャレンジです。

その当時の子育てにおける状況としては、核家族化や女性の社会進出が進み、子育て経験者の支援を受けられない若い親のストレスや、「しつけ」と「虐待」の区別ができず、ネグレクト（養育放棄）となってしまうケース、不十分な養育が原因と思われる問題行動を起こす児童など、それまでニュースにもならなかったような新たな子育ての悩みが浮き彫りになってきたところでした。合計特殊出生率は１・３を割り込み、少子化問題の改善の兆しがまったく見えていませんでした。

一方、育児と仕事を両立させようとしても幼い子を預ける社会的環境が不十分なため、仕事をもつ女性の６割が第１子の出産を機に離職し、その後も無職のままでいるという結果が、厚生労働省から発表されたときでもありました。

また、社会性が乏しく、ルールに従えない子どもの悩みやつまずきは、親のしつけや本人のわがままが原因ではなく、学習障がいや注意欠陥・多動性障がいなどの発達障がいが隠れていることもあります。このような障がい児教育の枠ではとらえられない子どものための支援が教育分野の重要な課題となってきていました。

母は、こうした問題を解決するためには、地域における子育て、幼児教育システムの構築、地域が協働して未来の宝である子どもたちを大切に育てることが必要不可欠だと市に提出する申請書で訴えかけたのです。また、この西尾市には離婚をして一人で子どもを育てながら働いている若い女性が多くいることに触れながら、彼女たちと子どもたちの人生・生活設計を考えると、これまでとは異なる24時間３６５日、いつでも頼れる地域支援サービスが必要であること、自分の法人であれば、高齢者ケアですでにそうした支援の実績があることから、それが可能であるとアピールしました。

行政を重要なパートナーとして地域の保育ニーズに対応する

保育運営において園の方針を明確にし、保護者の理解を求めること、定期的に保護者会を開催し、お知らせのプリントをはじめ、ホームページ、メール等での情報交換を図ること、外国人の子ども、家族に対しても意思の疎通を図り、文化の違いを考慮して交流会を開催するなど、子どもたちにグローバルな経験の機会を提供すると申請書に明記しました。さらに苦情受付機関を設置することや、地域の次世代を育成する目的から、町内会、子ども会、老人会との交流を図ること、園の催しに地域住民も参加してもらえるように回覧板で案内を出すこと、季節の行事を大事にし、地域住民との交流を図ることなども記しました。

保育士に関しても、保護者が相談しにくいことがないよう、若い保育士だけではなく、一定経験年数をもったスタッフを交え、バランスを取ること、人件費の上昇を抑えるための工夫についてまでも書き記しました。

最後に、市（行政）を重要なパートナーとし、地域の保育ニーズに対応するために、市の保育行政を理解し、積極的に協力し、市立保育園との連携を図り、ニーズに応じたサービスを提供すると締めくくっています。

結果、念願かなって、西尾市から保育園の運営を移管されることになったのです。

障がい児も健常児も一緒に過ごし、ともに育つ保育

当時、スタッフで考えた保育事業については市に提出した「運営に関する提案書」に詳しい記載があります。提案書には、保育園を運営するにあたり実現したいことを６つ記載していました。

1．食育の勧め

保育園では園児のための十分な栄養とバランスの取れた給食を提供しますが、家庭では食生活が乱れ、朝食を摂らずに登園する子が多数います。そうした現状に対し、共働きで多忙な親を責めるのではなく、少しでもそういった事実が解消されるような食育システムを作り、導入することを考えます。当法人は24時間、３６５日の対人サービスを実施しているため、半調理・クックチル・真空調理したものを園に届け、調理室で加熱・盛り付けをし、その場で温かい食事を摂ることが可能です。いずれは親に余裕をもって子育てを楽しんでもらうための朝食、夕食サービスの実施を検討中です。園内で子どもに野菜作りの経験や、成長過程の観察をさせることで、食べ物に対する関心を高めることも行います。

また、園児の親に希望を取り、出勤前後にゆっくりと親子で触れ合いながら食事をする環境を提供していきます。

2．養護と教育の両立

一生のうちでとても大事な時期である乳幼児期を無駄にしないために、絵本を読む・工作・絵を描く・リズム遊びなど、毎日短時間の運動や遊びを取り入れた保育内容を決め、できる限り五感を使う多くの経験をすることで、言語や表現、音楽などの能力を引き出していきます。特に言葉を大事に、基本的な挨拶やコミュニケーションを通し、言葉で感じ、考える、表現力豊かな子どもに育てていきます。記憶力のいちばん育つといわれる幼児期だからこそ、保育室や遊戯室等に漢字を取り入れたり、漢字まじりの絵本を読んだり、かるたを使い漢字をイメージさせるなど、遊び感覚で漢字教育を取り入れる工夫をし、脳の発達を促していきます。

3．異年齢による保育

近年の少子化現象により、家庭内での兄弟姉妹の関係は薄れています。かつては地域でいろいろな年齢の子どもが戸外で一緒に遊んでいました。現在はそのような姿を見ることはほとんどありません。年齢の違う縦の関係が培われ、優しさやいたわりの心を育むために、月に1度、給食とお昼寝の時間に園内の年上や年下の子どもが一緒に過ごす時間を作ります。

当園の定員数は70人のため、かなり家庭的な雰囲気になると予想されます。担任だけではなく、すべてのスタッフが園児一人ひとりを見守ることが可能です。外国人の子どもも多く在園するため、異国の文化に触れたり、関心をもったりする機会にもつながり、さまざまな関係を築きながら、お互いを認め合い、受け入れ、のびのび育つ良い環境であると考えます。

4．高齢者との交流

保育園の保護者はもちろん、近隣地域の方々にも開かれた保育園にするため、情報公開をしていきます。近隣の高齢者を招いて園児と遊んでもらったり、一緒に食事会をしたり、子どもと老人が世代を超えて交流することで、思いやりの心が育つと確信しています。

5．子育て支援（障がい児と健常児）

未就園児のための園庭開放、絵本の貸し出し、読み聞かせを提供しながら、地域の方々との交流を推進。そうした交流から、ニーズを把握し、産休後の乳児保育や一時保育、休日保育などを徐々に実施していければと思っています。園の行事には紙面や口頭で参加を呼びかけ、大勢の方に来園していただき、子育てのお手伝いができたらと考えています。経営安定後には、障がい児も健常児も一緒に過ごし、ともに育つ環境にしていきたいと思っています。

6．保護者が安心して子どもを託す保育園に

子どもの安全を第一に考えるとともに、保護者の方々に安心して仕事に出掛けてもらえるように、保護者との信頼関係を早く築いていきたいと考えています。周りの環境の変化をいちばん敏感に感じるのは子どもです。移管時には、子どもの気持ちに十分配慮し、保護者の皆さまとの対話を通して意向を汲み取り、運営していきます。

この提案書に書かれていることは、私たちの保育事業の基本として現在運営している保育園で貫かれていることです。

食事については、西尾市に所属する栄養士が献立を立て、各園に調理内容についての指示書が来るので、それに従って園に所属する調理師が料理をし、子どもに温かい食事を

出しています。また、アレルギー対策に関しては、園児一人ひとりのアレルゲンを探し、必要に応じて除去食を検討するなど、個々の園児の特徴を十分把握し柔軟に対応します。

現在私たちが運営している保育園では、障がい児や病後児も預かるようになっています。提案内容の「５」にある障がい児保育をはじめ軌道に乗っており、そうした子どもの食事についても、市から来た献立に従って子ども一人ひとりに合わせた形にして出しています。

障がいのある子どもはそれぞれに状況が異なります。食事をハンドミキサーにかけて細かく砕いたものしか食べられない子もいますし、軟らかいお米しか食べられない子もいれば、お粥がベストな子もいます。胃ろうが必要な子どもも受け入れています。これらは病院食や高齢者の食事ケアの経験をもつ法人だからこそできることだと思っています。

保育園の開園に向けて

保育園の移管が決まった２００５年、杉浦先生は自分が園長になる保育園のカリキュラムと基本となる目標を作っていました。

この保育園は、公立からの移管のため、とても古い建物のまま引き継ぐ形で運営することになりました。保育園が移管されるまでの1年、杉浦先生は自分が園長を務めることになるこの保育園に月2回ほど通い、施設や園の雰囲気などを見せてもらったり、園のイベントにも参加していたりしたようです。

そのときにその保育園に勤めていた保育士の先生とも話をし、移管後もここで働きたいかどうか聞き取りをするなどして、具体的な開園準備をしていったのです。

杉浦先生がともに働く保育士たちに求めたことは、自分がこれまで保育士として仕事をするなかで培ってきたノウハウを基に、保護者とのお付き合いの仕方や話し方がきちんとできること、いろんな能力をもった子どもたちがいるなかで、子ども一人ひとりをよく見て、その子の特性を押し殺してみんなに合わせることばかりにとらわれずに、できるだけ子どもの個性や性質を大事に引き出していけるような保育ができることでした。そして、子どもたちへの教育面では、いろんな経験をさせることを大事にしていました。

「子どもたちがいろんな経験をするということは自分の好きなこと、得意なことを見つけることにつながります。そうやって保育園で見つけた自分の好きなことを小学校に入ったあとも忘れずに続けていけるような経験をさせたかったのです」。そう語る杉浦先生の言葉には、子どもたちの将来を見据えた先生の思いが込められていると思いました。

自分の好きなことを幼少期に見つけることができるということは、自分の将来を考えるときに大きく役立ちます。好きなことを深く学んだり追求したりすることで自分の進む道が拓けていくことがあるからです。

そんな杉浦先生が特に力を入れたことの一つが、漢字教育でした。子どもたちが漢字に慣れることを目標に、漢字の絵本を読む時間をつくったり、園の中のもの、例えば「窓」や「扉」「机」といったものにそれぞれ漢字の張り紙をしたり、年長さんには自分の名前を漢字で読めるようにというところまで指導しました。また、音楽の時間を大事にし、ピアノが得意な先生にピアノを弾いてもらい、リズム遊びや歌を歌う時間をつくって感覚を大事にしていました。

西尾市からの声掛けで始まった病後児保育

この保育園では、病後児保育も実施しています。病後児保育とは、病気や怪我でしばらく休んでいた子どもが回復期に入ったところから保育園で預かるというものです。共働きの夫婦の場合、何日も仕事を休むことができないという家庭がけっこうあります。子育て中の家庭からのそうした声がたくさんあり、西尾市から病後児保育の運営を依頼され、このサービスを開始しました。

その際、最初の課題は人員配置でした。病後児保育を実施するには、看護師の常駐が必須です。また回復期にある子どもたちを預かる専用の部屋の用意もいりました。その部屋は、子どもたちが転んで怪我をするようなことがないように、ぶつかっても痛くないような材質のものにしたり、床にはマットを敷いたり、トイレや洗面所も室内に設けました。

このサービスを利用するには、基本ルールとして、熱がある子どもは預かることができないため、主治医からの熱がないことと、どんな状況であるかという証明書が必要となります。その書類があれば、普段、この保育園に通っていない子どもでも受け入れることが可能です。風邪やインフルエンザなどで熱があったがその後下がった子や、足を骨折してしまってまだ完治していない状態で、普通に動き回ることが難しい子などを受け入れています。ただ、インフルエンザなどの感染症の子の場合、１部屋しか用意がないこともあり、ほかの怪我をしたあとの子などと一緒に預かることはできませんでした。

杉浦先生は人の紹介で看護師を採用しており、人のつながりというのがやはり大切なのだと改めて思いました。地域の人たちを大事に、交流を常に心掛けてきたことが、私たちの法人の一つの強みであると感じます。それにより、杉浦先生をはじめとするすばらしい人とつながることができました。

２０２１年、この保育園は園舎をリニューアルして、90人だった定員は１２０人に拡大することになりました。新しい園舎は、当法人の高齢者施設を設計した石榑さんが手掛け、木をふんだんに使用した広い縁側付きの開放感ある建物になりました。保育室にいても日差しと開け放した窓や扉からの気持ちいい風が感じられます。

園庭には石榑さんが築山を設置してくれました。石榑さんご自身が奥三河で暮らされていて、自然の造形物を大事にしていることからの流れです。保育園の場合、園庭に設置する遊具は既製のものよりも、石榑さんが作る、土を盛って固めた築山のほうが、子どもたちに自然の遊びを取り入れるという意味でとてもいいと感じています。

地域の人たちの要望で開始した休日保育

民営化の委託事業として始めた最初の保育園に続いて、２０１１年にもう一つ、今度はゼロから保育園を開設して、運営を開始しました。開園時から建物にこだわり、こちらも石榑さんに設計をしてもらっています。いつもながら木をふんだんに使った開放感ある園です。園の考え方も基本は同じで、「すべての子どもが元気で、一人ひとりが最もふさわしい生活ができる環境を整え、生涯にわたる人間形成の基礎や生きる力を養う」ことを保育理念としています。１３０人を定員とし、生後57日目から就学前までの子どもを月曜日から土曜日、朝７時から夜７時まで預かっています。

この新規保育園の園長を先ほどの杉浦先生にお願いし、障がい児保育や、子育て支援、0歳児保育などを実施することにしました。障がいのある園児を受け入れる障がい児保育は、看護師の常駐が必要で、それぞれの子どもの医療機関との連携に基づいて療育指導をします。子育て支援は、地域の就園前の親子の遊び場として施設を開放し、親子体操やリトミック、ベビーヨガ、工作などを実施するほか、育児相談等も行うというものです。

またこの保育園では日曜・祝日も子どもを預かるようにしました。それには理由があります。西尾市で保育園を利用している家庭では、保護者が勤める職場が土曜日出勤のところが多いのです。また、トヨタカレンダーといった地域特有のスケジュールで地域が動いており、日曜・祝日も仕事になるケースがあるためです。保護者の皆さんが安心して仕事に集中できるよう、休日保育事業として市内のほかの保育園に通う園児も預かるようにしました。休日保育や障がいのある子どもの支援、育児相談等もすべて地域に暮らす人たちからの要望に応える形で始めたものであり、マイクロ・ニーズに応えた例といえます。

最初の課題は周辺地域の住民に受け入れてもらうこと

２０１１年４月、西尾市は、幡豆郡３町と合併し、人口17万人、面積１６０平方キロメートルの市として新たなスタートを切りました。これにより、西尾市は愛知県西三河南部の広範囲を占めることになりました。その背景には、自動車関連産業の発展とともに成長を続けてきたことと、日本有数の生産量を誇る抹茶やカーネーション、うなぎ、アサリといった農水産物の生産拠点として発展を続けてきたことがあります。そうした発展のなかには、人手不足により海外から働きに来る人たちがたくさんいますし、この人口減のなか、ＩターンやＵターン、Ｊターンなどでこの地に入ってくる人たちも多くいる珍しい地域であり、また、新しい世帯同士の横のつながりが望まれる場所です。

保育園を新たに建てた場所は周りが田んぼで民家は2軒しかないというところでした。その後、日本でも珍しいほどの宅地開発で新しい住宅が増え、今ではすっかり周辺地域の様子が変わり、人がたくさん暮らすにぎやかな街になっています。

スタートとしては、杉浦先生はまず周辺地域の人たちの輪に入ろうと、町内会に所属をし、町内のイベントに積極的に参加するところから活動を始めました。民家が少なく、田んぼが多い地域ということは、言い換えるとつながりが強く、他所からの者をあまり受け入れない閉鎖的なところがある場ということになります。そこに新しい保育園を作るとなれば、周辺地域の住民に受け入れてもらうことが最初の課題だったのです。

園児の募集が始まると、市役所で説明会を行いました。その際、参加者から制服のことや、「この園では子どもにどんなことをしてもらえるのか」という質問が出たそうです。杉浦先生はこのとき、保護者の新しい保育園への期待感を肌で感じたといいます。杉浦先生の園の教育方針は１つ目の保育園と同じ「子どもたちにいろんな経験をさせる」でしたが、そのいろんなことの一つとして、この頃、ダンスが中学校で必修になったことから、専門の先生を呼んでのダンスの時間を取り入れることにしました。子どもたちはダンスをとても楽しそうにやっていて、その様子をお迎えに来た保護者に話をするととてもうれしそうでした。

保育士同士の交流から見えてきたこと

この新しい園では、パートの人を含めて50人ほどの保育士の先生が仕事をしていました。それだけの人数をまとめてくれていたのも杉浦先生です。子どもたちとともに働く保育士の先生たちの成長にも尽力していました。３歳、４歳、５歳の幼児クラスを担当する先生たちの話し合いの場を作り、そこに杉浦先生も参加し、現場の状況を聞いたり、同様に乳児クラスを担当する保育士にも集まってもらい、その場に参加をして聞き取りをしたりと積極的に行っていたようです。

「そういう場を作りみんなの話を聞くと、私が思っていることと、実際に保育を行っている保育士さんとの間にギャップがあることが分かりました。そのなかで保育士さんがどんなふうに現場で子どもたちに接しているのかなど知ることができて良かったと思っています。そうすることで何かあったときに園長として保育士の皆さんの味方になることができたのではないかと感じています」

そんな杉浦先生が保育士たちを見ていて感じたことがあったといいます。その一つは〝熱意〟です。皆さんそれぞれに熱意をもって仕事をしてくれていました。もう一点は、保育士の先生たちの〝気遣い〟でした。自ら何かに気づいて自分から動くという部分が、自分自身が保育士だった頃とは違っていると思ったそうです。３点目は、〝子どもたちに対する接し方〟でした。この３つの観点でわが園の保育を安心して見ていることができたといいます。

杉浦先生いわく、子どもたちが年々繊細になっていく印象があるなかで、どうしても叱らなければいけないときの対応はすばらしく、叱ったあと、また子どもたちをやる気にさせることが上手な保育士もいて、その場面のやり取りはみんなで共有できたらと思ったそうです。どんな現場でもそこで仕事をする人たち同士がコミュニケーションを取り、理解を深めるということがいかに大切であるかがよく分かる事例だと思いました。近隣の住民や利用者だけではなく、そこで働く人たち一人ひとりを大切にするという姿勢は、私たちの法人ならではのものではないかと思っています。

子育てを一人で抱え込まないための保育事業

保育園開園当時、この地域で障がい児保育を実施していたのはこの矢田つぼみ保育園だけでした。障がい児保育を行う目的は、地域に暮らす障がい児を抱える家族の生活が少しでも楽になる手助けをするということと、もう一つは、障がいがあることでほとんど外に出たことがない子どもたちに、少しでも外の世界に触れてもらう、同世代の子どもたちの様子を知ってもらいたいということがありました。またそれが、障がい児を抱えるお母さんたちの願いでもあったのです。

そもそもこの障がい児保育をやろうと思ったきっかけは、西尾市に住む障がい児を抱えた家族からの、「障がい児を預かってくれるところが欲しい」という声でした。

子育ては、健常な子でも親だけで行うのは大変です。子どもに障がいがある場合にはどれほど大変かは想像するに余りあります。保育園に子どもを預けることで、親が子どもの世話に追われて孤立したり、疲弊したりすることを少しでも解消することができれば、家族全員に心の余裕が生まれます。それにより、幸せな家族の時間が増えます。私たちにとっての障がい児保育は、少しでも困っている家庭の力になりたいという思いから始まったものです。

この考え方は、障がい児保育事業だけのことではなく、保育事業全体にいえます。昨今のように近所付き合いが減り、経済的に厳しい家庭が増えている状況下では、子どもを安心して預けられる環境はとても大切です。母が「高齢者施設で生み出したお金は次世代に回す」とよく言っていたことを思い出します。それはつまり、地域に還元するということでした。この先の未来を担う子どもは地域で見守り育てる。そんな思いがあったのだと思います。

そもそも少子化問題が深刻化している背景には、若い世代の人たちが自分たちだけでどうやって子どもを育てたらいいのかという不安を抱いていることが大きな要因としてあるように感じます。スマホなどの普及で情報は入手しやすくなりましたが、人との関係性が築きにくくなっていることで、気がつくとなんでも一人で抱え込まざるを得ないような風潮があるようにも思います。子育ては親が一人で抱え込んでなんとかできるものではありません。地元地域で頼れる場所や人を作り、いろいろな人に助けを求めていいのです。私たちの保育事業では、子育てを母親が一人で抱え込まないように手助けすることを常に考えています。

障がい児保育からつながるさまざまな人同士の共生

障がい児保育の最初の利用者は、３人の子どもがいる家族で、両親ともに聾唖者でした。３人の子どものうち、上２人は健常で、いちばん下の子が小児脊髄疾患の二分脊椎症を患っていました。園でお預かりしたのは、いちばん下の子です。この園を利用するまでは、母親が24時間体制で看ていましたが、そうした生活を長くは続けられないので、園で預かることになりました。看護師が母親と筆談で話をし、主治医の先生のところへその子の状態を教えてもらいに行きました。

二分脊椎症とは、簡単にいうと、背中の骨である脊椎の形成不全と、脊椎の中にある脊髄に機能障がいがある先天疾患です。自分で歩くことはできません。鼻からチューブを入れて栄養剤を注入していましたので、園でもつきっきりで看ていました。意思の疎通を図ることも難しい状態でしたが、ＤＶＤで映像を観たり、ほかの園児たちの様子を見たりして喜んでいたと杉浦先生から聞き、この障がい児保育をやって本当に良かったと思いました。残念ながらその子は年長さんで亡くなってしまいましたが、この園で過ごして見たり感じたりしたことは心に残ったのではないかと感じています。

この園の障がい児保育は定員３人で開始しましたが、徐々に利用者が増えていきます。利用者のなかには、脳性麻痺で歩けない子やてんかんの子、ダウン症の子、気管切開をした子などがいました。気管切開をしている子には看護師が吸引を行っています。開園から４年後には、利用者が増えてきたことから、定員を６人に拡大しました。

利用者の一人だった脳性麻痺の子は、自分で歩くことができない状態で園に入ってきました。最初は表情も乏しく、仰向けに寝っ転がって、背中を使って床の上をぐるぐると回って動いていました。それが毎日いろんな保育士の先生たちと接することで、だんだん表情が変わるようになり、笑顔が増えていき、保育士の先生の膝の上に座れるようになり、ほかの子どもたちの様子を見ながら、自らも少しずつ動くようになり、なんと年長のときには自分の足で立って歩行器を使いながら歩けるようになりました。それがよほどうれしかったのだと思います。園の廊下を歩行器を使ってよく歩いていました。その子は２０２２年に西尾市にできた県立の特別支援学校（私が校医を務めることになりました）に入り、元気に過ごしているようです。時々園を訪ねて来てくれると聞いていますが、そうした子どもたちの成長や変化を見られるのは、障がい児保育の喜びだと杉浦先生は言います。

園にいる健常な子どもたちが、車椅子に乗っている子が移動をする際に車椅子を押してくれたり、運動会で障がいのある子と一緒に参加して助けたり、保育士の先生が「ちょっと手伝って」と言うと積極的に来て障がいのある子たちと交流し、いろんなことをともに行うといった光景を当たり前のこととして目にすることができるのも、この保育園ならではのことだと思います。

子どもによっては、なんとかして障がい児保育の部屋に入ってその子たちと交流をもとうとしたりすることもあるようです。杉浦先生は、この障がい児保育を通して、健常の子どもたちの心が育っていると思っていると言います。「私にとっても障がい児保育は初めての経験でしたけれど、これは障がい児を抱えるお母さんのためでもあり、ご家族のためでもあり、その子にとっても保育園でいろんなことを見たり、保育士や園の子どもたちが声を掛けたりすることで刺激になり、みんながハッピーになる相乗効果があったように思います。またお母さんたちも、園での子どもの様子を聞くととても喜ばれて、心が豊かになった感じがしました」

このように、幼少期から障がいのある子どもたちと一緒に過ごすことができるというのは、健常の子にとってもすばらしい経験だと思います。保育士のなかには、この園で障がい児保育に関わったことで、療育の世界へ足を踏み入れていく人もいました。これが私たち法人が目指す、さまざまな違いのある者同士が共生する世界へとつながっていくことだと実感しています。

地域住民が必要としていた学童保育を始める

2014年、社会福祉法人の特別養護老人ホーム内に、念願だった学童保育を開設しました。これは法人の設立当初から母が考えていたことでした。この地域で足りないこと、住民が必要としているものは何かを考えた答えが学童保育だったのです。学校に併設されている学童保育は、学校が休みの日曜、祝日は稼働していませんし、夏休みなども長時間は開所していません。それにより、共働きの家庭では子どもを預ける場所がなく、困っているという実情があったのです。学童保育を作るのも市に申請を出し、採択されなければ開設できませんが、保育園を運営している実績が評価され採択を受けることができました。

私たちの学童保育では朝7時30分から夜7時までの開所に加えて、祝日や早朝、夜の延長もできて、春休み、夏休みといった長い期間のお休みのときも安心して子どもを預けていただけるようにしました。また、高齢者施設の中に開設したことで、子どもと高齢者が触れ合い、双方にとってプラスになっていることも多いです。クリスマスやお正月のイベントなどに一緒に参加することで、高齢者がお手玉などの昔の遊びを子どもに教える際に会話が弾んで、互いにいい刺激になっていることが見ていて分かりました。コロナ禍になってからはそうした交流が途絶えてしまったので、これもできるだけ早く復活させたい大切な取り組みの一つです。この学童保育の中にも特別養護老人ホームを建築した石榑さんが築山を設置してくれました。子どもたちにとってとてもいい遊び場になっています。

子どもに対しての社会保障費の拡充こそが少子化対策の鍵

少子化問題は社会保障費問題と強い結び付きがあります。子どもをちゃんと育てられる社会でないと、次世代の子どもたちは増えていかないですし、高齢者の社会保障は立ち行かなくなります。もうすでにそうなっているのが現実です。

２０２３年、岸田内閣で異次元の少子化対策を行うという話が出ていますが、その「異次元」とは、１９９３年から94年にかけて出生率が１・65人まで低下したフランスが行った対策を参考にしているといわれています。

具体的には子どもをもつ家族、また子どもに対しての社会保障費の拡充です。知られている範囲だけでも11もの項目があります（東洋経済オンライン）。

1. 第３子から支払われる家族手当。所得制限はあるが大半の世帯が受給できる。
2. 子育て世代、特に３人以上の子育て世代に対して、大幅な所得税減税を適用する。
3. 子育てのために仕事を全面的に休むか、週３日または４日勤務、半日勤務など時短労働を選択できる就労自由選択補足制度の確立。

4．育児で保育ママ（自治体の認定のもと許可された保育有償ボランティアの形態。家庭的な環境のなかで子どもを預かってもらえるとニーズが増えている）に子どもを預ける選択をした場合に支給される保育方法自由選択補足手当。

5．妊娠後の産科受診料、検診費、出生前診断、出産費用など妊娠出産から産後のリハビリテーションを含む費用の全面無料化。

6．母親同様の有給扱いで育休を取る父親への賃金80％保障。

7．43歳まで不妊治療を公費で実施。

8．高校までの授業料無料、私立を除く大学も少額の登録料のみで、返済不要の奨学金制度。

9．3歳まで育児を引き受ける認定保育ママから学童保育まで無料化。

10．事実婚の社会保障への組み込み。非嫡出子という言葉の民法からの削除。

11．子どもを3人養育すると年金が10％加算される年金加算。

この取り組みにより、フランスの出生率はV字回復していきました。一方、日本はいまだに出生率が下がり続けている状況です。

だからこそ、私たち法人は、高齢者事業だけではなく、日本の宝となる子どもたちの手当てをしていくために、子育て、保育事業に参入しました。これはいわばこの先の日本を担っていく子どもたちへの投資だと考えています。このまま日本に働き手がいなくなることは、社会全体の問題ですから、少しでもその歯止めになればと考えたのです。

これからはきちんと社会に貢献できる子どもを育てていかないと、この国が立ち行かなくなるのは明らかです。

死と隣り合わせにある医療的ケア児を預かるニーズとその重要性

２０２２年４月、学童保育に含める形で、主に重度心身障がい児、医療的ケア児を対象とした児童発達支援・放課後等デイサービス事業を始めました。この事業を始めた理由は、同年、西尾市に県立の特別支援学校が開校することになったからです。それまで西尾市に暮らす特別支援学校に通う障がいのある子どもは、安城市や岡崎市にある遠い学校へ通っていました。そのなかには、発達障がいの子どものリハビリ診療を受診している子もいました。その保護者は、クリニックに長年いる理学療法士で医療法人の理事でもある藤田正之氏に、「学校が遠くて通学が大変だ」というようなことを話していたのです。しかし特別支援学校を新たに作るということは簡単なことではありません。保護者たちが署名を集めて市に働きかけ、長い時間をかけてようやく西尾市内に県立の学校ができることになったのです。そこに至るまでのことを当事者に聞いてみると、障がいを抱えた子どもの生活のしにくさや、この地域での生きにくさを訴えていました。私はそれを知り、西尾市の特別支援学校が開校するタイミングで何か力になれることがあるのではないかと考え、特別支援学校に通う重度心身障がい児や医療的ケア児を放課後預かることができるデイサービス事業を始めることにしたのです。

ただ、重度の障がい児のケアは経験がなかったので、まずどういったスタッフや設備が必要なのかを知るために、障がい児を中心とした放課後等デイサービスや入所施設、医療的ケア児を受け入れている大手や同業他社のところへ見学に行ったり、研修に参加させてもらったりしました。

保育園でこれまでやってきた障がい児保育の延長線と考えると、あまり大きな違いはないように感じますが、ケアをするスタッフがまったく違っていました。保育園は保育士が子どもをケアしますが、重度心身障がい児や医療的ケア児の場合、専門のセラピストや看護師が必要になります。それだけ重度心身障がい児や医療的ケア児を看る事業というのは特殊なものだということが分かりました。こうした子どもは常に死と隣り合わせなのであり、それだけ預かる側も責任が重くなります。この事業を始めるにあたっては、そういう特別な努力が必要な子どもをケアしていきたいと考えるスタッフを集めることが大変でした。

リハビリテーションの分野でも、小児の分野と成人の分野では考え方なども異なり、学校の卒業後それぞれ進む道が違うため、小児リハビリがどういうものなのかは一般のリハビリを学んだ人にはなかなか分かりません。そのため、セラピストも看護師も小児のリハビリの世界のことをあまり知らず、不安でなかなかやってみようという気持ちになりません。しかし実際に小児のリハビリの世界をのぞいてみると、子どもの場合はかなり個別性があることが分かってきました。つまり、子ども一人ひとりに対する経験を積んでいくことが大事なのです。子どもは成長していきますから変化が生じます。そうすると、初めに決めた計画どおりに進めようと思ってもそうはならないというのが小児リハビリの分野です。そこで気づいたのは、その子のことをいちばん分かっていて、普段から世話をしている母親にその子のことを教えてもらえばいいということです。つまり、母親が我々の先生になるのです。そうすれば、話をした親も安心してその子を預けることができます。小児のケアというのは、本人だけではなく、親のニーズに応えるものでもあるのだということに改めて気づきました。

見学に行った施設のなかで特に興味を惹かれたのが、チョコレート店を運営する施設です。名古屋にある医療的ケア児の通所の施設ですが、隣に母親が働ける場を設けていました。施設の隣にチョコレート店があって、親は子どもを預けたあと、そこで働くことができるのです。

親が家族だけで障がいのある子どもを看るというのが社会で深刻な問題となり、２０２１年、日本で初めて「医療的ケア児支援法」が成立しました。それにより、医療的ケア児を安心して預けることができる施設があちらこちらに作られるようになってきています。こういった取り組みが日本中で増えていき、その意義が評価されることを願います。

障がい児支援事業の立ち上げ

事業の管理者は園長を退職していた杉浦先生にお願いしました。保育園での障がい児保育の経験がありますし、ほかに頼める人がいないと思ったからです。この事業を始めるには、まず西尾市から意見書をもらい、その後、愛知県に許可を取らなければなりません。そういった手続きから杉浦先生には動いてもらったのです。事業許可を取ったあとは、利用率を上げていくための営業が必要です。その部分も杉浦先生が積極的に行ってくれました。

営業をした経験がなかった杉浦先生は、どこへ行ってＰＲをすればいいのかも分からないまま、手作りのチラシなどを持って、市民病院や保健所、西尾市内に何カ所かある相談員がいるところや、近隣の病院を回ってくれました。

私たちが始めたこの新しい取り組みは、開設1年目は受け入れ人数が少なく、１日あたり10人までしか預かることができませんでした。しかしスタッフは、保育士、看護師、機能訓練指導員が１人ずつの計３人です。また、重度の医療的ケア児には、必ず看護師を１人付けなければならない決まりがあるので、利用者の状態によってスタッフを配置するという形でやっています。そのあたりは事業を続けるなかで整えていく課題だと思っています。

２０２３年に入り、事業開設2年目になると、気管切開をしているような重度の障がいのある子どもを預かれるところが西尾市ではここしかないということが、少しずつ認知されるようになり、利用率も安定してきました。また、午前中は就学前の子どもを対象として、発達障がいを抱える子どもたちの訓練を行う児童発達支援を実施しています。その訓練により、子どもたちに変化や成長、効果があったという口コミが広がり、今ではそういった子どもたちについての相談も少しずつ増えてきました。

医療法人からつながった児童発達支援

児童発達支援は、15年ほど前から現在まで継続している私たち法人の取り組みの一つです。発達障がいを抱える子どもは、その障がいの程度によって、普通の小学校のなかにある支援学級に入るのか、特別支援学校へ行くのかに分かれます。それは、その子の人生を大きく変える分岐点といえます。保護者の多くは、できるだけ普通の学校の支援学級で過ごさせたいと思っています。そのためには学校生活がちゃんとできるように訓練の手助けをする必要があり、これが医療的な部分の一つのゴールとなっています。どんな環境に身を置くかで子どもの成長は変わってきます。できるだけそれまで通ってきた幼稚園で一緒だった友達と同じ学校へ通い、同級生とつながりをもってほしいと私は願っています。

現在、マスコミでもよく報道されているように、発達障がいの子どもが増えています。その理由の一つに、私が子どもの頃にはなかった細分化された診断が挙げられます。細分化を否定するわけではありませんが、個性ですむような差異に対しても、なんらかのレッテルを貼るようなことが実際に行われているのではと思います。自分が子どもだったときのことを考えても枠にはまらない子はたくさんいましたから、なんでもかんでも周囲が病気扱いするのではなく、集団としても受け入れられるような、もっと緩やかな雰囲気でもよいのではないかと感じています。

ただし、明らかに発達障がいで生活に支障をきたしていると分かる子どもには、きちんとしたケアが必要です。そういった子どものケアをし、リハビリ的支援ができる専門家がもっとたくさん出てきてくれたらと願っています。少なくとも我々の地域のレベルではそういった人たちがまったく足りていません。すぐに解決策が見つかる問題ではありませんが、小児精神科や小児科の神経分野の専門家が少ない環境のなかで、リハビリテーション科医として、医療と福祉でできることをしていこうと勉強実践中です。

こども発達サポートの現場から見えてきたこと

今、私たちの施設で働いてくれている看護師のなかに、自身も障がい児を抱えている女性がいます。彼女も子どものために自分の人生を費やしてきた一人でした。この事業で働いてくれる看護師を探しているときに、知り合いが「私の妹、看護師なんです」と紹介してくれました。彼女が面接に来てくれたときのことを忘れられないと言います。「ずうっと下を向いて、顔をまったく上げず、小さな声でボソボソしゃべられていたので、最初はどこかお悪いのかなと思ってしまったんです」と話す杉浦先生は、それでもやる気が見受けられたので、彼女の子どもをこの事業で預かり、同時に仕事をしてもらうことにしました。すると、仕事をしていくなかでだんだんと顔を上げてくれるようになり、「私、ここを利用する子どもたちのお母さんの気持ちがよく分かります」と自分の気持ちを話してくれるようになりました。仕事も、杉浦先生やほかのスタッフが気がつかないところを「こうしたらいいんじゃないでしょうか」と的確なアドバイスをし、今、現場になくてはならない人として活躍してくれています。

彼女の子どもは、その後、１年だけ西尾市にできた特別支援学校に通い、今は生活介護に通っています。彼女は「１年だけでも学校という場に行けて良かった」と喜んでいました。

これまでは医療的ケア児など、重度心身障がい児を抱えている家庭には、国が手当を出すことで支援をしているような形が取られていましたが、「医療的ケア児支援法」が成立したことで、医療的ケア児を法律上できちんと定義し、国や地方自治体が医療的ケア児の支援を行う責務を負うことになりました。これから医療的ケア児のための支援もいろいろ変わっていくのだと思います。先日もそういうシンポジウムがあり、母親が一人で医療的ケア児を看て、人生のすべてを奪われていくという現状をこれからどうしていくのかという内容で、とても刺激を受けました。今後、このような場が増えていってほしいと思いますし、国の施策はそれを示しているのではないかと思います。

こども発達サポートと学童保育

こども発達サポートの運営が始まって、いちばん大きな影響を受けたのは学童保育に通う子どもだったのではないかと思います。それまで自分たちが使っていた場所に、人工呼吸器を付けた車椅子に乗った体の大きなお兄さんが入ってきたりするわけですから、最初はびっくりして、怖がっていたりしました。しかし開設して1年が経ち、だいぶ慣れてきたようです。将来的には、保育園で外国人の子どもとも分け隔てなく仲良くしているように、この障がい児とも隔たりなく過ごせる環境が当たり前となり、つながりがもてるようになっていくと思っています。実は私の子どももこの学童保育を利用しています。この環境の意義が分かる大人になってほしいと願っています。

今、学童保育とこども発達サポートの間には、あくまでも異なるサービス事業であるという県からの指示により、しっかりとした壁を設置しています。しかしいずれはこの壁をなくし、ガラス張りにして、場合によっては子どもたちが行き来するような形にできる日が来たらと願っています。

障がい者福祉に見る医療との壁

私が福祉と医療について考えるとき、課題だと思っているのは、福祉の特に障がい者に関わる部分です。高齢者の介護などの福祉に関しては、介護保険制度が2000年に創設され、加齢はすべての方に共通ですのでたくさんの人が対象となり、全国に広がっていきました。しかしいわゆる障がい児・者の福祉、子どものときに障がいを負ったり、発達の障がいがあったりという人たちの福祉というのは、限られた数の人たちを対象としたものであるため、制度も違いますし、行政がそこにかけられる余裕も少ないのではないかと思います。目にする機会も少ないので、社会全体がどこか自分ごとではないととらえている部分があるようにも感じます。

障がい者支援に従事する人は、多くは医者や理学療法士、看護師といったいわゆる医療職、福祉の世界では、社会福祉を志した社会福祉士といった人たちです。

社会福祉士になるための学校を出た人は、障がい者福祉施設や子どもの施設で仕事をすることも多いです。医療職のなかでも、リハビリを学んだあと、小児の分野に進みたいとか、障がい者の分野で仕事をしてみたいという人もいるのですが、なぜか障がい者医療は別分野とされていて、学ぶための入り口から違っています。

医療の現場で障がい者を診る場合は、体のこと、病気のことを、医学的な観点から診察します。しかし医療の現場では、小児科で障がい児や発達障がいを診る医師も、発達障がいを診る精神科の医師も少ないのが現状です。それだけ障がい児福祉分野は規模が小さく、どうしてもおざなりになりがちなのです。そのため、なかなかこの障がい者の分野で仕事をする医療関係の人や福祉の人たちと交流をもったり、現状を目の当たりにしたりする機会がないのです。それが医療と福祉の構造的、制度的な現状ではないかと思います。

今回、私たちの法人で始めた医療的ケア児を対象とした児童発達支援・放課後等デイサービスは、私たちにとっても障がい者サービスとして初めての試みで、大きなチャレンジです。

小児の障がい者のシンポジウムに参加すると、医師は障がい児のための制度や施設の実情をあまり知らないということが分かりました。また、シンポジウムのなかで社会福祉士の方が「我々福祉サイドは」という観点で話していることにも驚きました。医療に携わる医療職と福祉の世界で仕事をする人たちとの間に、こんなにも壁があるのだということを知ったのです。

障がい者に対する閉鎖的なケア、閉鎖的な空間というのは、このままではなかなか変わっていかないのではないかと思いました。

ただ、それではダメだと考え始めている人たちが少しずつ出てきているようで、当法人のような新規参入者やチャレンジしようと活動している事業所のことを新鮮に見ていただけているようです。

障がい者支援における医療と福祉の間にある壁をすぐに壊すことはできないかもしれません。でも私たちのように、医療も福祉もやっている法人が医療的ケア児を対象とした児童発達支援・放課後等デイサービスのような、新しいことにチャレンジすることで、その壁を壊していけるのではないかと思います。私たちのこの新しい取り組みを、医療と福祉の間に風を吹かせる例として、重症心身障がい者の学会で紹介してほしいと依頼があり、少しずつですが関心をもつ人が増えているのだと感じています。

障がい児支援のその先へ

私が若手時代にＩＣＵ（集中治療室）で診ていた患者で、交通事故により重度の障がいを負った方がいます。全介助が必要な体となり、家族の助けがなければ生活ができません。その彼が、実は西尾市出身だったこともあって私の外来に受診に来てくれて、それ以来主治医として診察を続けています。事故にあった当時はまだ大学生でしたが、そろそろ40歳になろうかという年齢で、ある日の受診の際に、母親が自分のいなくなったあとのことを心配して「この子が生きていける場所を作ってください」とつぶやきました。その一言は、私の胸にズシンと響きました。

今、私の法人では障がい児の支援活動を行っていますが、これからは、その子たちが成長し、大人になったときの行き場を考えていかなければならない時期に入ったのかもしれません。現在、障がいのある子どもたちの多くは、18歳まで特別支援学校で過ごしています。その後の過ごし方は、大きく6つに分けられます。

1．常に支援が必要な障がい者のための自立支援、身体能力の維持と向上を目的とした通いの場を利用する。

2. 一般企業に就職する。あるいは健常者とともに働くことが困難な人が働く作業所で就労する。
3. 障がいや難病がある人が雇用契約を結び、一定の支援が受けられる職場で働く。
4. 2年間限定で一般企業への就職を目指すための就労訓練を行う。
5. 障がい者枠で企業に勤める。
6. 専門学校などへ通う。

どれもすべて通いの場で、親が送り迎えをしなければならないケースもあり、働くことを前提としたものばかりです。もちろん障がいがある人たちが自立して仕事をしていくことはすばらしいことですし、必要なことだと思います。ただ、そうしたくてもできない人たちがいることも事実です。その人たちは親が自宅で面倒を見るという場合が多いようです。卒業後、学校という支援がなくなった家族が、急に負担感が大きくなるという話をよく耳にします。この現状についてもこれから考えていく必要があると感じています。また、障がいのある人たちが仕事をもち、働き、高齢者になったとき、どうなるのかも気になるところです。

今の制度は年齢で区切られていて、小児は18歳までで終了、65歳以上は高齢者として介護保険サービスを利用できますが、その間の年齢で障がいを負った人たちの居場所が十分に提供されていないと感じます。だからこそ、親から「私がいなくなったあと、この子が生きていける場所を作ってください」という切実な声が出てくるのです。

この問題について、国でも変えていこうと、地域共生社会というのを合言葉にして進めていますが、まだスタートしたばかりで、地域レベルで具体的に動くというところまでたどり着いていないように感じます。

私は、自分が運営する高齢者施設で障がい者も一緒にケアしていければと考えていますし、過去に、デイサービスで障がいのある利用者を受け入れたことがありました。今も受け入れ可能としています。しかし現実には、それまで障がい者として生きてきた人たちが、高齢者と一緒に過ごそうとしても、なかなかその場になじむことが難しいという課題もあります。逆もしかりで、高齢者も、障がいのある人が施設に入ってくると、なかなか受け入れるのが困難なようです。国の今の制度では、65歳以上は健常者も障がい者も高齢者として括っています。本当に健常者も障がい者も高齢者として一つに括るのであれば、子どもの頃から各地域で、健常者も障がい者もともに過ごす機会を作ることが必要ではないかと考えます。そうすれば、その両者にある根本的な隔たりをなくすことができるのではないかと思うのです。

障がいのある人たちが自分らしく生きていける場所とはどういうところなのかを考えたとき、間違いなくいえることは、身体に障がいのある人こそ、交通の利便性の良いところで、もっと多くの人々に接する環境でオープンに生活すべきだということです。地域全体で障がいのある人たちを受け入れ、互いを尊重しながら助け合い、ともに生きていくことができれば、個人的にはいちばんいいと思います。これから私たちが目指すべきは、そんな地域社会であるはずです。そのために私にできることは何かを、これからも考えていかなければなりません。

第3章

【多文化共生】
外国籍の親と子どもたちの声

～日本で活躍する機会を与えてほしい～

外国人労働者家族の実情と西尾市の取り組み

２０２２年10月現在、日本には１８２万２７２５人の外国人労働者がいるといわれています（厚生労働省調べ）。２００７年に日本で働く外国人労働者の届け出が義務化されて以降、過去最高を更新中です。国籍別ではベトナムが最も多く、46万２３８４人（全体の25・４％）、次に中国で38万５８４８人（同21・２％）、フィリピン20万６０５０人（同11・３％）と続きます。都道府県別の労働者数を見ると、東京が全体の27・４％を占める50万００８９人と断トツで、次に愛知県の18万８６９１人（全体の10・４％）となっています。

愛知県西尾市の２０２３年１月の調べでは、市民の６％に当たる約１万人が外国人で、そのうち日本語指導の必要な小中学生の数は約７００人といわれています。そして、子どもの背後には生活習慣の違いに戸惑う保護者がいます。日常会話は生活をしていきながらなんとかできるようになったという人たちがいるなかで、子どもたちの教育現場を見ると、教科書に出てくる学習言語の習得に時間がかかり授業についていけなかったり、高校受験が難しく諦めたりする子もいるといいます。

私の運営する社会福祉法人が保育事業に参入し、保育園への外国人の子どもの受け入れを実施した２００６年頃、西尾市ではすでにそうした外国人の子どもたちのための日本語指導のニーズが高まっていました。そのような状況で２００８年に、市では学齢前の５歳児の子どもたちに就学を目指した日本語教育を行うためのプレスクールを始めました。この５歳児の子どもたちのプレスクールを任されたのが、後述する私の法人の保育園で保護者のサポートをしていた川上さんです。１年後の２００９年より西尾市の学校教育課が小中学生を対象に、日本に来たばかりの子どもたちの初期指導を目的として開始しています。

川上さんはプレスクールの立ち上げから参加し、参加者を募るための活動なども積極的に行ったといいます。「プレスクールの意義や効果について、市内にある外国人の子どもを受け入れている保育園を回り、保育士の先生にアピールをするといういわゆる営業的な作業にとても時間を要しました」。同時に川上さんはそのプレスクールで使う教材や具体的な授業内容などを考え、その年代の子どもたちに会って語彙テストなどをしながら準備を進めていったといいます。

その当時の西尾市内には、外国人労働者家族が多い集住地域が何カ所かあり、その地域のなかに外国人の子どもも預かる保育園がありました。そのため、プレスクールはそれぞれの地域の保育園の一室を借りて行われていました。

川上さんがこのプレスクールで子どもたちに習得してほしかったことの一つは、就学したときに困らないようにする実践的なことでした。「就学は、その子の人生においてすごく大きなイベントです。服装も持ち物もそれまでとは変わりますし、自分の足で歩いて学校へ行く、教室で長時間集団のなかで座って過ごすというような、これまで経験したことがないことにたくさん遭遇します。そのための予行演習になるようなことも行っていきました。例えば複数人である程度の時間座って人の話を興味をもって聞けるようになるということや、学校で使う用具の名前や使い方を覚える、先生が伝える簡単な指示を聞いて動けるようになるなどです」

また、子どもの発達面から見てできるであろうと期待されることや、興味をもつ内容はどのようなことかを実践を通じてつかんでいきました。その背景には、川上さんが小学校の講師をしていたとき出会った外国人の子どもたちが、学校のクラスのなかであまり活躍できていなかったことがあります。「彼らは、休み時間などに1対1で話すとけっこうしゃべるし、面白くユニークなのに、クラスという集団のなかに入ると黙ってしまう傾向にありました。授業で質問をしても、その答えが分かっていても絶対に手を挙げないし答えてくれなかったんです。その理由はもし間違っていたら恥ずかしいという気持ちにあったようです」

川上さんは、これから就学する子どもたちが彼らと同じようなことにならないためにはどんなことが必要かを考え、専門家の先生などにアドバイスを求めることもしたといいます。このとき川上さんがアドバイスをもらった専門家の先生というのは、西尾市がプレスクールを始める前に、愛知県がモデル事業として実施したプレスクールの先生や、多文化保育の専門家でした。川上さんがその先生たちから聞いた「５歳児であればできること」というのは、例えば「簡単なルールがある遊びを楽しめる」「状況を理解して順番を守ることができる」「簡単な足し算をしながら結果を楽しむことができる」です。そこから川上さんが考え、実際にプレスクールで実施した遊びがあります。子どもたちが順番にサイコロを振り、数回振ったのちにその数が多いか少ないかを競うというものです。これは、体格や性格、日本語習得のレベルに関係なく、みんなが参加できる簡単な遊びです。「その遊びから、数量を使いながら勝ち負けの面白さが分かるようになります。楽しく参加できれば、次に自分がサイコロを振る順番を守ることにつながるといった感じです」。こうした遊びに参加することで子どもたちは場面に合った言葉を聞いて覚えていったといいます。また、出たサイコロの目をカードに書いていく際には、数量を確認しながら数字を書きました。そして、「そのカードが自分のカードだと分かるように名前を書こう」と言うと、子どもは喜んで自分の名前を書くということに自然と挑戦していったそうです。「5歳児という年齢は、自分の名前を自分で書きたいし、自分でできる年齢であるということがよく分かりました」と川上さんは言います。

川上さんがプレスクールで関わった子どもを、学校のクラスのなかで活躍できる子に、という目標については、言語の習得に力を入れることで促していきました。言語の習得に必要なのは、「言いたい」「伝えたい」という気持ちだと川上さんは言います。本をたくさん読んだりして言葉や単語をたくさん覚えても、それをうまく使えない、つまり声に出して言わなければ、しゃべれないのと同じです。そのため、川上さんのプレスクールでは、子どもたちが「伝えたい」という場をたくさん作るように心掛けていたと聞きました。小さい子どもの場合、言葉を発したときの音を耳で聞き、その言葉の表記文字を目で追いながら習得していくそうで、川上さんはそういう機会をなるべく意識的にたくさん設けるようにしていったそうです。

こうした川上さんの取り組みにより、西尾市の外国人の子どもたちの教育支援は進んでいきました。でもこれはまだ始まりに過ぎません。西尾市は、人手不足が問題視される社会のなかで、働く場所があり、外国人の家族がこれからも増えていくだろうと予想されます。彼らの大半は、市内に職場も家もあり、市外に出ることは、現状あまり多くありません。そうした状況を考えたとき、生活する人たちのためのサービスの充実はますます重要になります。そのため、私たちの社会福祉法人は川上さんのような人の力を借りて、小学生から18歳の高校生までを対象にした多文化ルームを立ち上げました。

外国にルーツをもつ子どもたちの教育支援

２０１４年に当社会福祉法人で新たに始めた事業が、外国から日本に来たものの、就学をしていない、いわゆる不就学の子どもの就学を支援する教室です。もともとは、西尾市から委託された別の市民団体が実施していたものを、保育園児から18歳の高校生までに対象を広げる形で、当法人が引き受け事業展開することになったものです。

この教室の代表は、川上さんにお願いしました。当法人の保育園での外国人の保護者のサポートや、市が行っていたプレスクールでの実績からほかに頼める人はいないと思いました。

市としても、外国人の子どもが増えていくなかで小学校入学後も継続的に学習言語を学ぶ機会を設ける必要性を感じ、当法人がプレスクールを実施してきたことなどが評価されて、市から要望が来たことがきっかけとなりました。

事業内容としては、保育園や幼稚園、学校に行っていない外国人の子ども、小学生や中学生で放課後に勉強をしたいと思っている子、15歳を過ぎて渡日し高校などに進学したいと思っている子たちを対象に、日本語学習や受験などのサポートをしています。また中国語、ポルトガル語、ベトナム語などの母語（継承語）の教室も開催しています。ほかにも外国人の保護者向けに、学校からのお知らせの通訳や書類を書くお手伝いも行っています。

日本在住の外国人の子どもが不就園や不就学になってしまう理由はさまざまです。例えば、3歳になっても幼稚園へ行っていない子どもの場合、親がずっと家にいるので幼稚園へ行く必要がないと感じていたり、保育園へ行くとお金がかかるとか、まだ外国学校か日本の小学校のどちらに入学するか決めていないからという理由だったりします。小・中学校へ行っていない理由には、日本語が分からなくて心配で、親が子どもを学校へ行かせられない、学校へ行っていたがやめてしまって行くところがない、帰国する予定で学校をやめたがコロナの影響でまだ母国へ戻れていない、などがあります。そうした理由により学校教育から離れてしまって15歳、16歳になった子のなかには、日本の高校へ行くことを諦めてしまっている子もいます。もう今さら高校なんて入れないだろうと思い込んでしまっていたり、制服が高いのではないかとか、高校へ行く必要性を感じない、親に働いてほしいと言われたりなど、理由は人それぞれです。

もちろん、それぞれの家庭の事情や考え方があるのは確かなのですが、子どもの将来を考えたら、学校教育は必要なことです。ですから私たちの教室では、このような子どものために、５つのクラスを設けることにしました。

1．保育園・幼稚園に行っていない5歳児を対象とした「不就園クラス」
2．学校に行っていない6歳から15歳のための「不就学クラス」
3．学校に行っていない15歳から18歳のための「過年齢クラス」
4．小学校へ通っているが、さらに日本語学習をしたい子を対象とした「小学生クラス」
5．中学校へ通っているが、受験対策も含めた日本語学習をしたい子を対象とした「中学生クラス」

また、日本で暮らす外国人家族は、不安定な就労状態にある人が多く、経済的に厳しい家庭もあるため、費用はクラスによって異なりますが、１カ月１０００円以下で行っています。また週末だけのクラスや読書のためのクラス、５歳児のための親子プレスクールや、大人の日本語クラスも開設しました。コロナ禍では、オンライン授業も導入し、工夫を重ねながら運営を続けています。

この活動は、２０２２年、内閣府が毎年実施している子供・若者の健やかな成長に資することを目的とした「子供と家族・若者応援団表彰」で、内閣総理大臣表彰を受けました。

先日は、外国人の子が日本の高校受験にチャレンジする様子を追うということで、ＮＨＫの取材が入りました。ほかにも毎日新聞の連載「にほんでいきる」や朝日新聞などに掲載されました。毎日新聞の連載は書籍化され、新聞協会賞を受賞したそうです。日本で働く親とともに来日して不就学になってしまった子どもの問題は深刻です。特に西尾市は、トヨタ自動車関連の仕事に就いている外国人が多く、全体の７％が外国人だといわれています。それだけ今、日本は産業的に外国の人たちの手を借りなければならない状況にあるのであり、この現状に市としても多文化共生に力を入れる必要があります。そうしたなかで、私たちの教室が、きちんとした学校教育を受けられるようにするためのサポートを行い、不就学だった子どもが当たり前に高校に進学し、卒業できるようにすることを目指しているのは、大きな意味があるのです。

外国人の子どもの教育支援の実情

この教室で出会う子どもたちについて気掛かりなことは、一つには高校受験を控えた生徒の将来の選択の問題があります。日本の中学を卒業したら高校へ行かなくてもいいと決断をする子や、卒業後は自分でなんとかしなさいという親御さん、渡日が15歳以降で、どこにも行くところがない子もいます。

母国で高校2年生だった子が、日本に来たら自動的に日本の高校2年生に入れると思っていたというケースもあります。国のシステムも教育のシステムも違うなかで留学生としてきちんと手続きを踏んで渡日すればいいのですが、そうでなければ公立高校に、急に転入できるということはないため、行き場を失って市役所へ相談に行き、そこで紹介されて私たちの教室に入ってくる子もいるのが現状です。ここにたどり着き、申し込みをするときに高校進学の意思を確認し、受験へ向けてのサポートをしています。

日本の高校進学率がほぼ１００％なのに対して、日本にいる外国人の子どもの進学率は64％といわれています。これには言葉の問題や情報を得る機会が少ないことから、受験へ向けての学習が十分でなかったり、受験したけど落ちてしまったりということもあります。私たちの教室ではそういう理由で高校受験を諦めてしまわないようにできる限りのサポートをしています。

そのなかには、本人が17歳で、日本で働いている母親に呼び寄せられ、西尾市に来たフィリピン出身の女の子がいました。彼女は、私たちの教室で週3回1日4時間半勉強をし、自宅での自主勉強にも励み、渡日してから3カ月後の高校受験にチャレンジしました。彼女は高校を卒業して大学に行き、パイロットか航空関係の技術者になり、親をできる限り助けたいと考えていたといいます。川上さんは、「3カ月で受験の準備をするというのはすごくタイトなスケジュールですけど、やってできないことはない。受験をし、高校に入ることで、彼女の日本での人生が始まり、そこから人生が拓けていく」と言います。

受験に必要な書類の書き方から、手続きの手順も私たちの教室でサポートしました。受験する高校のアドバイスも行いました。日本語はまだ日常会話を練習している段階の彼女にとっての難題は面接でした。どんな質問をされるのかを想定し、その答えを彼女が英語で書き、それを指導員が日本語に翻訳し、本人が覚えるという方法を取りました。模擬面接も毎日のように行い本番に備えたといいます。結果、彼女は見事合格しました。このように、私たちは子どもたちが力強く未来へ向かって一歩踏み出すためのお手伝いをしています。

外国人の子どもを積極的に受け入れる

私たちの初めての保育事業として運営を開始した保育園は、月曜日から土曜日まで、朝7時30分から夜7時30分まで、生後57日から就学前までの子どもを預かるほか、病後児保育事業として看護師を常駐させ、西尾市内在住の生後６カ月から小学４年生までの病気回復期の子の保育を実施しています。また、子育て支援事業として、地域の未就園児の親子を対象に保育園の行事に招待をしたり、給食体験や遊びの会を開催したりしています。

０歳児から2歳児までの低年齢児は、ゆったり安心して一日過ごせる配慮を行い、食事は安心・安全な食材で、園の調理室で作られた給食を提供しています。成長段階に応じ、離乳食やアレルギー食の対応も行います。３歳児以上の子どもには心身の成長を促すため、さまざまな体験や行事を実施し、専門の指導者による運動や英語の遊び時間も作っており、広い園庭を使ってのマラソンや伝承遊び、生活体験の一環としてクッキング保育なども行っています。またこの地域に暮らす外国人が多いことから、外国人の子どもも積極的に受け入れています。

この保育園の裏に以前から公立の団地がありました。その団地には、外国人家族が多く暮らしていたこともあり、その団地から通ってくる外国人の子どもが数多くいました。また当時、西尾市にはブラジルから日本に働きにくる家族が多く、彼らの子どもたちが通ってきていました。「開園当時、外国人の子どもは全体の30％くらいいたと思います。そのほとんどがブラジルの子だったと記憶しています」

そう語る杉浦先生は、その子どもたちとコミュニケーションを取るために、保育士の先生たちと相談をして、時間をやりくりしてみんなでポルトガル語の教室に通っていました。

そうした先生たちの努力があり、言葉が通じなくてなかなか別の保育園ではなじむことができなかった外国人の子どもたちがこの園を選んで来てくれることもありました。

その後、外国人の子どもの国籍は、ブラジルのほか、ベトナム、ペルー、パラグアイ、中国、ナイジェリアと増えていきました。今では園全体の23％（２０２３年1月現在）が外国人の子どもとなっています。またフィリピン人とブラジル人の夫婦、フィリピン人と日本人の夫婦の子などもいます。

なぜこの西尾市という地域に外国人の家族が多いのかというと、愛知県はトヨタ自動車の拠点であり、自動車関連企業も多いため、そこで働くために海外からやって来る外国人が年々増えてきているからです。日本に来る外国人労働者は、経済的に厳しい人たちが多い傾向があります。そのため、家族で日本に来た人たちにはやはり共働きが必須となります。そうした家族の子どもを預かる場所があることは、この地域ではとても大切なことだったのです。

外国人家族との交流と文化の違い

子どもというのはとても順応性が高く驚かされます。園に通う外国人の子どもたちも、最初は挨拶をするのも難しかったですが、同じ園に通う日本人の子どもたちと時間をともにするうちに自然と挨拶を覚えたり、逆に日本の子どもたちが外国人の子どもたちの挨拶を覚えたりしてなじんでいきます。そんななかで課題となっていったのは、園と外国人の親とのコミュニケーションでした。

この保育園は市からの委託事業なので、市役所にいる語学に精通している人が園だよりなどをポルトガル語に翻訳をするといったシステムがありました。しかしそれだけでは細かいニュアンスや子どもたちの日頃の様子、保育士の先生たちが連絡帳などに書かれたことを親御さんにきちんと伝えることは不十分な状況でした。そこで保育士の先生たちと保護者の間に立って、通訳をしてくれる人との出会いが幸いにしてあり、私たちの法人に加わってくれたのが川上貴美恵さんです。

　川上さんは、西尾市で生まれ育ち、大学で教員免許を取得し、卒業後、民間企業を経て小学校で教壇に立っていた経歴の人です。川上さんが小学校で教えていたとき、日系ブラジル人の子どもたちが学校のなかで増えていったそうです。「その頃の私は、日系人のことをあまり知らず、日本に出稼ぎに来る人たちが日本名をもっていたり、祖父母が日本人だったりということを、日系ブラジル人の子どもたちから教えてもらいました」。そう語る川上さんは、以降、日系ブラジル人の人たちに興味をもち、積極的に交流をし始めたといいます。

「そこから、日系ブラジル人の子どもたちが、慣れない日本の学校でどうやったら心地よく学校生活を送れるだろうかと考えるようになり、そのためには日本語教育が必要だと気づき、まずは自分がポルトガル語を学び始めたんです」

　そのことをきっかけに、川上さんは２００５年、国際協力機構の海外協力隊として２年間ブラジルに赴任しました。「ブラジルでは、日系社会に貢献するためのボランティアとして、日本語を教えていました」。帰国後、川上さんが西尾市に戻り、市役所にボランティア活動を終えたことを報告に行くと、その経験を活かしてほしいということで、私たちの法人につなげてくれたのです。

川上さんは、それまで保育士の先生たちがうまく伝えられなかったことをとてもスムーズに、友好的に伝え、親たちとの距離を縮めていきました。例えば、ブラジル人の親たちがとても気にしていたことの一つが、日常起こり得る子どもたちの小さな怪我や傷でした。彼らは、ちょっと転んだとか引っかいたといったことにとても敏感で、どうしてそうなったのかがきちんと伝わらないと「先生、どうして見ていてくれなかったんですか！」と言われてしまいます。そうした場面で川上さんは保護者にきちんと納得のいく説明を丁寧にしてくれるのです。

子どもたちが園の中で遊んでいるうちに靴下が脱げてしまったり、靴下によって滑って転んでしまったりしたときも、川上さんがきちんと親に説明していたそうです。「ブラジル人の親御さんは、朝、保育園に預けたときに靴下をはいていた子どもが帰りには裸足だったりすると、なぜそうなったのか、それが冬の時期であったら、この寒いのに裸足でいたら風邪を引いてしまうと、子どものことをとても心配し、園に対して不信感を抱いていました。そういうときに、私がお役に立てたかなと思います」。そう語る川上さんは、父母会などでもブラジル人の親たちに保護者が務める園の係についてなどの説明をポルトガル語で行い、彼らの信頼を得ていきました。また、川上さんの提案により、土日にブラジル人の親のための日本語教室を園で開催したことで、みんなが園になじんでいきました。

ほかにも川上さんが必要に応じて、ブラジル人の家族が生活していくうえでの困りごとについての相談なども行い、子どもも大人もこの地域で仲良く、つながりをもって生活していけるようにと動いてくれたことが有り難かったです。

私は今、この保育園を含む社会福祉法人の理事長でありますが、園医としても関わっていますので、入園式や卒園式、運動会、健康診断などで時々園を訪れ、子どもの健康を見守っています。園に行くと、子どもが国籍関係なく一緒に本当に仲良く過ごしています。給食の時間に、ブラジルの子がリーダーシップを発揮して皆に食べ物を配っていたりします。子どもの間には、国籍や見た目による壁がないのです。この隔たりのない関係性が小学校に通うようになっても、大人になっても続いてくれればと願ってやみません。それが、私の願う多文化共生につながっていくのだと信じています。

いち早くオンラインを導入したコロナ禍での実情

２０２０年からの新型コロナウイルスの大流行中も、私たちの活動がストップすることはありませんでした。西尾市の教育委員会のアドバイザーが、東京外国語大学の多言語多文化共生センターの小島祥美准教授や、大阪大学大学院人文学研究科の櫻井千穂准教授という日本語教育や多文化共生のトップランナーであるため、的確なアドバイスをいただくことができ、まだ混乱のなかにあった日本においてオンライン授業はほとんど行われていないときから、私たちの教室ではオンラインを駆使し、関わってきた子どもたちが孤立しないように積極的につながりを作ったり、家庭訪問をしたりしていました。ただ、家庭訪問は家庭によってはコロナが恐ろしくて玄関に出るのも嫌という反応もあったため、オンラインをメインに、子どもたちとの関わりを絶たないようにと心掛けました。その効果もあってか、一時的に引きこもりがちになったり、運動不足になったり同年代や異年齢の交流が少なくなったりしましたが、コロナ禍の間も多くの子どもとつながりを保つことができました。

スクール内での異年齢交流

コロナ禍を経て、私たちの教室に通う子どもたちに変化が起きていました。それは、子ども同士の交流です。教室ではもともと目的や年齢に合わせて時間割を作っていることに加え、感染予防としてマスクやパーテーション、子どもの席を離して設置するなど、物理的に人との距離を広げていました。当然ながら、子どもたちが集まって活動をするというような機会はつくっていませんでした。コロナ禍も足掛け３年目になったとき、スタッフから子どもたちの異年齢の交流がなくなり、小さい子への思いやりや、経験に基づく想像力が弱くなってきている気がするという声が上がり、２０２２年、異年齢交流会を開催しました。そこで子どもの力を目の当たりにし、大きな気づきを得たと川上さんは言います。

「同年代の子どもたちが集まっていたときには、そのなかで役割や立ち位置が決まっていました。例えば10人の子どもがいたら、そのうちの３人は積極的に動き、４人は言われればやる子、３人はサボりたい子という感じです。それが、異年齢交流会になったら、それまで積極的ではなくて、どちらかというと頼りないと思っていた子が、ものすごい力を発揮してくれたり、スタッフが気づかないうちに受付をやってくれたりしたのです」。この経験から川上さんは、改めて、子どもたちは自分が活躍できる場や役割が見つかると、こんなにも輝くのだと気づかされたと話してくれました。

また小さい子どもたちも、いつも授業をしているスタッフが話すより、年齢の近いお兄さん、お姉さんに声を掛けてもらうほうが親しみがわき、伝わりやすいといいます。
これを機に、今後も年に１度の異年齢交流会は実施していく予定だといいます。

子どもの就労移行を考える

私たちの教室で学び、大学まで行った子もいますし、高校を卒業して西尾市内で働いている子や、教室でアルバイトをしている子もいます。ただ、いろいろな問題があって仕事はなかなか長続きしないようです。彼らの就労継続問題が、今後の我々の一つの課題になっていくと考えています。

彼らが働いて、納税し、自立した生活を送りながら、人生を切り拓いていってくれるのが願いです。それは外国人の子どもに限った話ではありません。障がいのある子どもも同じです。将来、なんらかの形で就労ができるようになってもらえたらと思っています。口で言うほど簡単なことではありませんが、彼らをどう育てるかということが、彼らの、日本の未来につながっていくのだと考えます。就労支援の事業所は西尾市内にすでにいくつもありますし、我々にはまだその分野の経験がありません。ただ、将来的にはそういうものも必要になってくるだろうと予想しています。

現実的なところでいうと、就労の場の提供はできるのではないかと考えています。例えば、リハビリテーション病院にいると、仕事をして社会生活を送っていた人が急に病気になって職を失うことがあります。私は医師としてその患者を診ながら、復職をいちばんの目標にしようと呼び掛けますが、受け手の問題もあり現実にはなかなか難しいのが現状です。体を悪くしてしまい、職場を長期にわたって離れてしまうと、元の職場に戻りたいと希望してもなかなか戻れないということは少なくありません。そうした場合には、就労移行事業所や就労継続事業所で、簡単な内職的な仕事をしたりして、安い賃金をもらいながら訓練という名の就労をしていきます。そういった事業所を運営している人たちのお話を聞くと、もちろん賃金を十分に出したいのはやまやまであるけれど、制度の問題もあり、難しいようです。今、社会が障がい者雇用を増やす方向を目指してはいますが、企業側の受け入れが十分に進んでいるとはいいにくい状況です。そうしたなかにあって、私たち法人は施設で仕事をしてもらう部署やシステムを作ることも考えています。

しかしながら、これまで支援する医師という立場から関係を築いてきた人を雇用するとなると、雇用者と被雇用者の関係になりますので、築いてきたものが崩れてしまうことも懸念しています。私は医師と患者は対等だと思っていますが、私が雇用側になることで、望むと望まざるとにかかわらず、これまでの関係が変わってしまう恐れがあるのです。実際、患者のなかには、ぜひ私のところで障がい者雇用で働いてもらいたいと思うような人がたくさんいますが、なかなかそこに踏み込めない悩ましい現実があります。

子ども事業による収益

プレスクールは、公益事業として市からの委託料を基盤とし、余った分は返還する形で経営しています。そういう意味ではこの事業で収益を得ているわけではありません。保育園事業も同じです。ですから赤字になることはありませんが、事業として法人に金銭的な収益があるものではありません。医療的ケア児の放課後等デイサービスにしても同様です。

それでも未来を担っていく子どもが困っていると分かっているのに、手を差し伸べないわけにはいかないのです。どんな形であれ、私たちでできることをしようというスタンスでチャレンジを続けています。収益に関しては、軌道に乗るまではほかのサービスでカバーして、いつかはそれも回収できるようにと考え、目指しています。私たちも資金があり余っているわけではありませんし、これらはあくまでも事業であってボランティアではないので、将来的には収益は出さなければいけません。そこを見据えながら、しかし最初は赤字でも仕方ないだろうという考え方で、求められること、やれること、やるべきことを推し進めています。その根底にあるのは、祖父や母から受け継がれる「ほかがやりたがらないことをやる。この地域にないサービスを最初にやる」という精神なのです。

保育園と幼稚園を一体化した新しい試み

西尾市が運営していたある保育園が老朽化し、手狭になり、その場所で新たに保育園と幼稚園を一体化したこども園が開かれることになりました。私たちはその運営の公募に採択され、2025年4月に新たなこども園を開園することになりました。2024年から2025年にかけて建物を建築する予定です。

新たにできるこども園でも、0歳から小学校に上がるまでの子を見ることになります。また、私が運営している既存の保育園と同様に、障がい児保育を予定しており、可能であれば障がい児の相談事業ができたらと考えています。今西尾市には、障がいを抱えた子どものことを相談できる場所が３カ所ほどあります。介護保険でいうところのケアマネジャーに当たるような機能が求められるのですが、広範囲な西尾市に相談できるところが３カ所しかないというのは、利便性としても、選択の幅という意味でも十分とはいえません。そこで、障がいのある子どものことを相談できる窓口を、新しく作る園で担えないかと考えています。相談事業を行うことで、この地域にどんな子どもがいて、どういった困りごとが地域で起こっているのかが集約されますので、必要なものが見えてきます。これはとても大事なことだと考えています。

障がい児と一言でいっても、発達障がいの子もいれば、重度の身体障がい児もいます。そういったさまざまなケースの相談に乗ることにより、私たちが介護保険分野で経験したケアマネジメントが活かされ、この分野での我々の新たなチャレンジにつながると考えています。

将来的には、この子たちが大人になったときの生活支援なども必要になってくる可能性は高く、時間はかかるかもしれませんが、彼らが大人になっても暮らしやすい地域づくりをするためにお手伝いできることがあるはずだと考えています。

障がい児と健常児がともに過ごすことは最高の学び

障がい児保育という点では、それまで障がい児保育を行っていなかった保育園でも2022年から開始することにしました。障がい児保育をずっと続けてきた矢田つぼみ保育園のスタッフから、障がい児と健常児が同じ園庭で遊んでいることのすばらしさ、ほかにはないここだけの空間の価値について話を聞かせてもらっていましたし、保護者からも、地元に預けられる保育園があり心から喜んでもらえ、私としても本当にやって良かったという思いがありました。高い評価を得ていることは横に広げていくべきだと考え、すべての保育施設で実施することを決めたのです。

障がいのある子が健常の子どもとともに過ごすことで、相手を思いやったり、人はそれぞれ違うのだということが分かったりします。保護者から子どもを安心して預けられ、最高の学びのある場ととらえていただけるのであれば何よりうれしく思います。

これからの時代、医療的ケアが必要な子たちもなるべく普通の小学校へ通えるように、看護師がつき医療的ケアをしながら、健常児と一緒に過ごせるような環境整備を国全体としても目指し始めています。その前段階として、保育園での障がい児保育の実施は、未来につながる必要なことだと思っています。

健常な子と一緒に学んできた子は、障がいがあっても普通の小学校に入りやすいですが、障がい児のための保育園に通っていると、普通の小学校に進学するのはハードルが高く、特別支援学校へ行く流れになります。障がい児保育はその境目にいる子どもの選択肢を増やしていくお手伝いだと考えています。障がいのあるなしは関係なく、保育園で培われた関係性をそのまま小学校でも地域で成人しても変わらず続けられるというのはとても意味のあることで、将来の隔たりのない地域づくりにつながるものと信じています。

第4章

【地域活性】

マイクロ・ニーズに応え、地域社会を立て直す

〜非営利目的の社会福祉法人がもっと自由に活動するために〜

医療と福祉の連携推進が地域の人たちの安心な暮らしをもたらす

一人の医者として見ても、また法人の経営者として見ても、医療機関の経営は現在とても厳しくなっています。医療機関間の生き残りをかけた競争もその激しさを増していきます。その根底には社会保障費の抑制政策があります。病院経営が立ち行かなくなっていくところも増えてきており、M&Aで運営難の医療機関が大きなグループに買収され始めているのが現状です。

力のあるグループが地方の規模の小さな医療機関を買収することがすべて悪いとはいいません。しかしながら地域のことを知らない人が経営するグループが事業規模だけを大きくしていく様子に、私自身は違和感を覚えます。

医療機関は、その地に根を下ろし、その地域に暮らす人たちの生活を守っていく重要な役割を担うものです。地域のことを熟知し、そうした役割を担っている機関同士が互いに手を取り合うことで、無駄をなくし、相乗効果でその地域を守っていくということも可能ではないかと思います。そうした事業所の目標は、地域の人たちに選ばれる、必要とされる事業体であることです。これは医療機関だけの話ではありません。社会福祉法人もまた、単独での運営が非常に厳しい状態にあります。

医療の現場では、地域医療連携推進法人という制度が２０１７年４月に施行されました。この制度は、高齢化の進展に伴い、患者一人ひとりがその状態に応じた良質で適切な医療を安心して受けることができる体制を地域で構築するために、地域の医療機関がその機能を分担、連携を推進し、質の高い医療を効率的に提供するために創設された制度です。この制度には、介護事業などを実施する非営利法人も参加することができるとされています。この地域医療連携推進法人の社会福祉法人版である社会福祉連携推進法人制度が２０２２年に施行されました。

私見ではありますが、もう一つ必要なのは医療法人と社会福祉法人のより強固な連携ではないかと思います。それは私が医療法人と社会福祉法人の理事長を務めるなかで感じたことです。

医療の現場から見ると、高齢者に必要な医療は、ただ病気を診て治し、薬を処方するだけのものではなく、高齢者一人ひとりの状態を把握し、総合的な診療をし、生活支援が必要な人にはその人の状況に合った社会福祉支援サービスにつなげていくことです。

体の不調に応じて、一日に何軒もの病院やクリニックをはしごするような連携の取れていない医療では医療機関も高齢者も疲弊します。

また福祉の現場からすると、施設の利用者が体調を崩したというときにすぐに連携が取れて的確な診療や医学的アドバイスをしてくれる医療機関が必要です。

連携推進を医療と福祉、それぞれの世界で実施するのではなく、医療と福祉の連携推進がより必要なことではないかと思うのです。それこそが地域の人たちが安心して暮らしていけるための地域医療であり福祉だといえます。

そうした地域医療と福祉の連携を私たちの医療法人と社会福祉法人では強固な形にしていくことで実現していこうと考えています。

そのために大切にしなければならないことは、西尾市に暮らす人たちに選ばれる法人であること、法人で働くスタッフに対するケアと職場の制度の充実です。この地域に暮らすすべての人を大切に、ともに生きていこうというのが私の強い願いなのです。

改めて大切にしたい家族の絆とその支援

我々は特別養護老人ホームや保育園の運営や障がい児支援などに取り組んでいますが、最近の体験で家族の絆を改めて大切にしたいと考えるようになってきています。

例えば終の棲家となることが多い特別養護老人ホームでは、家庭での介護が難しい方が我々の施設に親を託すことになり、我々が看取りの支援を行います。しかしながら私や施設のスタッフが看取るのではなく、主役はあくまでも家族であるべきと考え、最期の時間はご家族に施設で寄り添う時間を取っていただき、それを我々で見守る形を取っています。お亡くなりになったあとも、部屋で家族でゆっくり過ごしていただき、穏やかで安らかな表情で送り出すことを何より大切にしています。家族への最後の言葉として「今までいちばん男前ですね」「これまででいちばんきれいです」とお声掛けできた際には、ご家族も涙を流しながらも喜んでいただけます。

また、子育てに悩む母親へ向けての、ペアレントトレーニングという考え方の啓蒙活動などにも取り組んでいます。障がいを抱えた子どもはもちろん、どんな子どもを育てるにしても、親は悩みながら、ストレスを感じながらも頑張っておられます。子どもの育て方にささやかながらでもできるアドバイスは、きっと子育ての負担軽減につながり、健やかな子どもたちを増やす一助になると考えています。

一方では、昨今、子育ての支援の充実が社会の大きな課題と叫ばれています。それが大切なことであるのはもちろんですが、サービスなどが充実すればするほど、親がサービス提供側に任せ過ぎることになってしまうことも懸念されます。親子がつながる時間が少なくなり、過度になれば親子を分離させてしまうことになる可能性もあるのではとも考えられ、悩ましいところです。

一般に障がいを抱える子どもの支援は高校を卒業するまでは学校が多くの部分を担ってくれますが、卒業した途端に障がい者（児）が自宅で過ごす時間が増えることになり、親が急に負担を感じるといった話をよく耳にします。年齢によってサービスや制度が変化し連続性が保てなくなるのは、制度的にも解決すべき課題と考えます。家族の絆を担保しつつ、日々の生活の負担を減らすというバランスがこれから求められるのです。

スタッフのための取り組み発表会

医療と福祉の連携をより強固なものにしようと、２０１９年４月、私たちの医療法人と社会福祉法人をＪＳＮ（Jinikai Sennenmura Network）として内外に周知を始めています。

ＪＳＮの事業施設は現在29カ所になりました。その結果、同じグループで働いているのに自分が勤めている職場以外の施設でどんなことを行っているのかが分からず、スタッフ同士の横のつながりが希薄になっていく印象がありました。

医療と福祉の連携には、チームワークが重要です。一人でできないこともチームでなら可能ということはたくさんあります。そのためにもグループネットワーク内で働くスタッフには、自分が勤めているグループネットワークがどういうところで、どんな事業を展開しているのかを知ってもらいたい。そんな思いから、私たちの医療法人と社会福祉法人合同で、年に1度、取り組み発表会を開催しています。

この取り組み発表会では、医療法人と社会福祉法人がやっていること、それぞれの事業施設での取り組みを部署ごとに発表してもらっています。その発表を通して、小さなことでもいいので、自分たちの仕事にスポットを当てて、スタッフのみんなに知ってもらうのが目的です。例えば、保育園で障がい児保育をやっていることを病院のスタッフは知りませんでした。それはとても残念なことです。この発表会では、スタッフ全員で、自分が良いと思った取り組みに票を投じて、表彰する機会をもちました。そこで自分たちの取り組みが評価されたのであれば、また頑張ろうという大きな励みになります。

働く部署がさまざまに異なっていると、自分が仕事をしていてうまくいかないと思い悩んでいたことを、別の部署で違った方法で解決していることも多くあります。そういう解決策を知り互いを高め合うこともこの発表会のメリットです。

事業施設が多く、スタッフがたくさんいるということは、それだけ仲間がいるということです。仲間が多いことはグループネットワークの強みです。これから働き手がどんどん減っていく時代に突入していきます。そのときに、スタッフがこうした発表会を通して、仲間を知り、お互いに高め合っていけるような集団になっていくことが大事になっていきます。

この発表会は、以前は医療法人のなかだけで行っていました。しかし私が両方の組織の理事長として双方を横断的に動いているなかで、一方でやっている取り組みを、もう一方でもやればもっと良くなると考えることがたくさんあったのです。「良い取り組みは横に広げる」のです。情報をスタッフみんなで共有して、全員が組織を横断的に見たり、動いたりすることができたら、組織全体を高められる体制が強くなるのではないかと考えました。組織の融合というのは時間がかかりますが、少しずつ進んできていると実感しています。

取り組み発表会による成果

グループネットワークの取り組み発表会等がきっかけとなり、社会福祉法人で行っていたケアが医療法人でも取り入れられたという例があります。その一つが認知症ケアマッピングです。これは、認知症がある方のケアを行っているスタッフの質を高めるための手法で、マッパー（観察記録者）という資格者が、認知症の方の様子を客観的に観察し５分ごとに記録を行います。その結果を患者のケアをしているスタッフにフィードバックし、それまでのケアの検討、改善を図っていく手法です。これが非常に効果があり、社会福祉法人だけではなく、医療法人でも取り入れられました。

個々人が自分に合った働き方ができる職場へ

取り組み発表会はスタッフの興味や向上心にも大きな成果をもたらしています。重度心身障がい児、医療的ケア児を診るサポート施設に、リハビリテーション病院で高齢者のケアをしていた看護師が異動の希望をしてくれた事例がありました。資格をもつ看護師でも、小児の分野は一般の病院にいるとなかなか経験できません。それだけに、取り組み発表会で重度障がい児施設の活動を知って小児の医療ケアに興味をもち、自分もやってみたいと思ってくれたようです。

私たちのような組織は人ありきです。今やっている仕事が自分には向かないのかもしれないとか、別のことをやってみたいといった場合にも、新たな経験を別事業所でしてもらうことで、この組織のなかで次の道を見つけたり自分のもっている技術をさらに深めていけるようにしたりしています。そうやって自分にできることを増やしながら、グループネットワークという組織のなかで、自分がやりたいことに自由にチャレンジできる環境をつくることが、この先、運営する側には必要ではないかと思っています。

出向や副業という形で、スポット的に別の施設の手伝いに入るといったことを自由にできるようにし、給与規定上もなるべく差がないようにして、スタッフが窮屈にならないように心掛けています。最近ようやくそうした取り組みの成果が出てきて、スタッフが少しずつ自由に組織内で動けるようになってきたように感じています。

コロナ禍で止まっていましたが、グループネットワーク内において他職場体験も行っていました。それをまた２０２３年度から復活させる予定でいます。これは、出向という形の部署異動に対して消極的なとらえ方をするスタッフもいますので、もっと気軽に自分が興味あることにチャレンジできるように、日常的に組織内で交流をしてもらえるようにする取り組みです。

例えば、クリニックの外来の看護師に、私が社会福祉法人のグループホームへ訪問診療に行くときに同行してもらう機会がありました。すると、社会福祉法人がどういったところで、どんなことをしているのかが分かり、社会福祉法人でやっている普段のケア内容を知ることができます。結果、自分もここで働いてみたいという気持ちが生まれて、本格的な部署異動ではなくクリニックの外来業務を続けながら、お試しという形で月に１度、社会福祉法人のグループホームで看護師として働いています。

スタッフのなかには変化が苦手な人もいますから、無理やり異動をさせるつもりはありません。しかし、医療・福祉の業界で仕事をしていくうえでは、いろんな経験をすることで深みが増していきます。一つの部署で、単一的な仕事しか経験したことがない人よりも、いろいろなところで経験を積んでいる人のほうがその道のスペシャリストとして強みがあるのです。グループネットワークのスタッフには、多くの経験を積み、一人ひとりが成長していってほしいと願っています。将来的には、企業内ベンチャーのような形で、スタッフのなかから次の新しい事業のアイデアをプレゼンされて、それを形にしていくといったところまで行けたらよいと思っています。

スタッフが成長し羽ばたくことが喜び

実はそういう取り組みはすでに起こっています。まだしっかりと動き出してはいないのですが、自費のリハビリを提供できる会社を立ち上げたいという希望がスタッフの理学療法士から出てきて、許可しました。「自費でもいいので、あなたのリハビリを受けたい」という患者が出てくるのであれば、理学療法士として魅力があるということです。医療保険で提供されるリハビリでは、回数や時間に限りがあり、患者がもっとたくさんリハビリをしたい、機能改善に取り組みたいと思っていても量的にできないことになります。そういった人のために自費のリハビリを提供するというのは十分ニーズがあります。リハビリは、内容によって異なりますが、だいたい20分で２０００円前後、１時間だと６０００円くらいになります。病院で保険を適用すれば高齢者の多くはその1割の負担で受けることができます。自費でリハビリを受けるということは患者が全額負担をするということであり、そこまでしてもこの理学療法士のリハビリを受けたいと思ってもらえるというのは、スペシャリストとしてその技術が認められたということになります。実際、少しずつそういった患者が出てきているようで、副業として自分の空いた時間を使って訪問自費リハビリを実施し始めています。これは、スタッフのスキルが認められた一例として、私もとてもうれしく思っていることの一つです。

私が常々スタッフに対して願っていることは、法人のために働くのではなくて、さまざまな部署で多くの経験を積んで成長し、力をつけて、スーパーセラピスト、スーパーナース、スーパーケアワーカー、スーパーソーシャルワーカーといわれるくらいになって世に出て評価されてくれたらということです。もちろん力をつけてここで一緒に働き続けてくれればうれしいですが、スタッフがそこまでのスキルを身につけて羽ばたいていくことほど幸せなことはありません。

マイクロ・ニーズに応えることは簡単なことではありませんが、それに応える習慣を重ねることにより基本的なニーズには容易に気づくことができるようになります。それぞれが懐の深い専門職に成長していくことにつながります。

医療も福祉も、誰かの力になりたいという気持ちがとても大切な仕事ですので、スタッフにはプロフェッショナルとしてグループネットワークでそれぞれの技術を磨き、腕を上げていく経験を積んでいってもらいたいと願っています。

医療法人と社会福祉法人をつなぐ広報誌

私が理事長を務める医療法人と社会福祉法人をグループネットワークでつなぐ取り組みとして、両法人の編集委員が法人間の垣根を越えた情報発信・共有をしていく目的で、それまでそれぞれの法人が単体で発行していた広報誌を一つにして、２０１９年4月からグループ広報誌を季節ごとに発行することにしました。

記念すべき第1号では、グループの代表として私が発刊の挨拶をしました。そのなかでは、グループネットワークの共通のミッションとして、“Life Life Life with Community”というスローガンを周知しました。この3つのライフは、生命、生活、人生を表しています。自分たちがいる地域の住民にこの重要なライフの観点で役に立つことを共通目標としています。

医療法人と社会福祉法人の広報誌を一つにすることで、各施設がどのような取り組みをしているのかを互いに知ることができます。また、グループ間における人材交流を徐々に進めていますが、将来的にはもっと活発な人材の交流・キャリア選択の提供ができるようになることを目的にしています。

自分の家族を託せる場所に

グループネットワークの将来を考えるとき、この地域に暮らす人たちのいわゆる〝揺りかごから墓場まで〟関われる法人でありたいと思っています。この地域で生まれ育った子どもが、大人になったときに働く場や活躍できる場を我々が作り上げることがミッションではないかと考えています。

グループネットワーク内では、家族がリハビリテーション病院に入院中、スタッフの働く姿を見て、自分も理学療法士になりたいと勉強をし、資格を取り、私の施設に就職し、働いてくれている人が出てきたのです。また、地元の中学校の職業体験がきっかけとなって、我々の仕事に興味をもち、就職してくれた人もいます。地域の子どもがこうして我々の仕事を認めてくれて、自らこの道に飛び込んで来てくれたことほどうれしいことはありません。医療や福祉に携わる仕事をしようという人は、誰かのために働きたいという強い気持ちをベースにもっています。お金のためにこの世界に入るという人は基本的にはいません。

ケアを受けた人から、「あなたがいてくれて良かった」と言ってもらえるような仕事をして、それを喜びと感じることが、自分の頑張りに対する評価となり、励みややりがいにつながります。スタッフにはそこを大事にしてほしいと思っています。

グループネットワークで働くスタッフはあまりお金のことを口にしません。そこもうちの法人の強みだと感じているところです。売上や対価は大事ですが、そこをいちばんの目標にしてしまうと、人に「ありがとう」と言ってもらいたくてこの職場に入ったのに、根本的なところでズレてしまいます。この仕事は、誰かのために動き、行動し、自分の技術や支援を提供することにあります。そのことを忘れて、お金儲けを第一に考えたら、この業界はダメになります。

その意味で、私はグループネットワークで働くスタッフが、自分の家族を預けたいと思えるサービスやケアを提供できるようになってほしいと願っています。スタッフ一人ひとりがそういう意識をもって仕事をすることで、本当に自分の家族に何かあったときに、グループネットワークの仲間に託せる。そんな職場環境にできたらと考えています。そうなれば、グループネットワークは医療と福祉の最強の複合体になります。

大切なことは人とのつながり

日本全体の人口が減っていく時代、この地域で新たな事業をこれまでのように増やしていくのはそろそろ限界ではないかと考えています。この先は人とのつながりができる場の提供を行いたいと思案中です。社会福祉法人の活動やイベントの再開はもちろんですが、老人保健施設の庭などは利用者以外の人たちにも使ってもらえる地域交流スペースにするつもりで作りました。

我々の仕事は社会保障のなかで提供され支えられている仕事です。私たちの仕事が伸びれば伸びるほど、国民の負担が大きくなっていきます。右肩上がりではなくなっている今の日本の厳しい経済状況のなかで、ただでさえ負担が大きくなっている現状を考えると、社会保障だけに頼らない地域とのつながりをもう一度見直していくときなのではないかと考えます。その一つの方法が、地域交流スペースの提供です。人が集まると何かが起こります。そこから見えてくるものがあると思うのです。そのためにも医療や介護保険などの枠から少し離れて、地域交流を深めることが必要だと、コロナ禍により人とのつながりが大切だと実感するなかで考えるようになりました。これは事業ではないですけれども、そういったことを大事にしていくための場の提供というのは地域に必要なことですし、きっと受け入れてもらえると感じています。そうした交流から、小さなニーズがキャッチでき、我々グループネットワークで役に立てることがあるかもしれません。交流スペースにはそういったニーズの種を見つけるアンテナになる可能性を感じます。このように地域貢献できる法人であれば、将来的にも地域の人たちに必要だと心から思ってもらえて、何かあったときに支えていただけるのではと考えます。事業体の規模の大きさだけではなく、そういった地域への存在価値を深めていく時期に来ています。

明確なものが見えているわけではありません。それはこれまでも同様でした。地域に求められるって何だろうとアンテナを張り、ニーズを見つけ、我々にできることをしてきました。根本的なスタンスは変わりません。新しくできることも園で実施する障がい児の相談業務も、人とのつながり、交流からニーズを見つけ、生み出し、積み重ねてきた結果として、目指すことになった事業です。

私たちのグループネットワークは、医療と福祉の間にある壁をなくし、地域の人々と交流することで、この地域の人々の役に立てる法人として、これからもできることをやっていきたいと思っています。

２０２２年の秋に、コロナ禍が始まってから3年ぶりに保育園で運動会を開催しました。両親をはじめ、祖父母の皆さんも子どもたちの一挙手一投足を見逃すまいという感じで、嬉々として身を乗り出して応援している姿に感動しました。地域に暮らす家族は、こうした人と交流できる場を根本的に望んでいることを改めて再確認させられたのです。保育園に発達障がいのある子どもを預けている保護者の話を聞くと、「自分の子どもが保育園という集団のなかで、どんな立ち位置で楽しく過ごしているのか、どんな表情で過ごしているのか、まったく分からなくなってしまった」と教えてくれました。自分の子どもが保育園のなかで友達と仲良くやっていたりするのかどうかといったことが、親同士の横のつながりが薄くなってしまったことで見えなくなってしまったというのです。それまでは意識していませんでしたが、人との交流や教育活動の実践を目にすることにより、どれだけ大切な情報を得ていたのかが分かります。

地域と積極的に関わっていくという使命

私たちグループネットワークが地域と積極的にコミュニケーションを取っていくこともさらに重要だと考えています。例えば介護施設では、毎年施設内でお祭りを開催していますが、近隣住民の人たちもお祭りに参加できるようにしていました。ほかにも、花火を打ち上げたりしていて、毎年地域に楽しみにしてもらっている施設もあります。反対に、地域のお祭りに参加して出店する施設もあります。

医療法人の運営するリハビリテーション病院では屋上を緑化していて、患者やその家族、地域の人たちにも見てもらえるように開放していました。こうしたイベントや取り組みは残念ながらコロナ禍では中止したり、人数制限をしたりしていましたが、今後コロナが収束すればまた、力を入れていきたいと考えています。このようなイベントを通じて地域の人たちと交流していくことで、皆さんへの感謝をお伝えしたいと思います。

おわりに

２０１９年秋、私たちの社会福祉法人は、社会福祉に貢献した功により、当時理事長を務めていた私の父・中澤 仁が藍綬褒章を受章しました。

父は、医療の分野だけでは少子高齢化の生活課題を解決できないと、１９９９年８月に医療法人仁医会の支援のもと、社会福祉法人を設立。以来、愛知県西尾市で、この地域の誰もが健康に安心して暮らすことができる街づくりを続けてきました。

医療と福祉、それぞれに専門性を深めながら、今ではグループネットワークとして連携を深め、地域の方々の小さな声に耳を傾け、皆さんが困っていることに対して私たちのグループネットワークでできることを考え、形にし、多くの取り組みを重ねています。

２０２３年で医療法人設立から45年、社会福祉法人設立から24年。地域貢献のためにスタッフとともに走り続けてきました。藍綬褒章受章は、公衆の利益や公共事業においての活躍に授与されるものです。この受章は、私たちの特別養護老人ホームの運営が社会の利益になったことの証しだと思っています。

私は父・中澤 仁から、医療法人仁医会と社会福祉法人せんねん村の理事長職を引き継ぎ、「地域で求められる医療福祉サービスを実践しさらなる向上を目指します」を法人理念に、制度ばかりを追うのではなく、目の前にいる患者・利用者のニーズに耳を傾け、それに応えることを重視し、必要とされるサービスを充実させてきました。

私たちグループネットワークはＣａｒｅ（ケア）を重視し、患者・利用者一人ひとりと、その家族の生活をも支援することができる法人でありたいと考え、医療と福祉の両方から私たちができることを形にし、継続、改善に努めてきました。この本はそんな私たちの取り組みをつづっています。

人の人生は多くのものに支えられており、医療・福祉はその一端です。医療も福祉も私は自分の拠点となる地元地域のためにあるべきだと考えています。

過去に私が感銘を受けた言葉に“Let's Rebuild Life Together”というのがあります。〝一緒に生活の再構築をしましょう〟という意味ですが、この〝ＬＩＦＥ（ライフ）〟は〝生活〟とも〝生命〟とも〝人生〟とも読むことができます。

地域に住む人たちの生命を大切にし、その人たちがより良い生活を送り続けることができるようにお手伝いをすることで、その人たちの家族の人生も良いものになるように〝ＬＩＦＥ〟を重視する。それがこれから求められる医療であり福祉ではないかと思います。

地域医療・福祉が充実することで、西尾の子どもたちがこの地で自分にできる仕事を見つけて、家族を作り、良い人生を送ることにもつながるのではないかと考えています。それが街の活性化にもつながっていくのだと思います。

私たちが生きている日常のなかには、病気や障がい、貧困といった問題が存在しています。そうした状況に対しても地域医療や福祉が手を差し伸べることで、現状を変えることができるのです。医療法人と社会福祉法人が連携すれば、まだまだできることはたくさんあります。この本が地域医療や福祉を考える一助となれば幸いです。

最後になりますが、硬くなりやすい私の表現に対し一般の方への分かりやすさを大切にというアドバイスをくださった幻冬舎メディアコンサルティングのスタッフの皆さまに感謝いたします。

また、マイクロ・ニーズに日々応えてくれている法人の現場スタッフに改めてお礼を言わせてください。〝いつもありがとう、皆がいてくれて良かった〟。

〈著者紹介〉
中澤 信（なかざわ しん）
愛知県西尾市出身。愛知医科大学卒業後、岡崎市民病院、国立長寿医療センターを経て、父親が理事長である医療法人仁医会に勤務。2014年にあいちリハビリテーション病院院長就任、2015年に医療法人仁医会の初代理事長である父親に代わり、同法人理事長に就任。2022年より社会福祉法人せんねん村の理事長を兼任。リハビリテーション科専門医。地域で求められる医療福祉サービスの実践を法人理念に掲げ、地域の患者・利用者の生活に即した支援を行っている。医療法人仁医会理事長。社会福祉法人せんねん村理事長。あいちリハビリテーション病院理事長。

本書についての
ご意見・ご感想はコチラ

マイクロ・ニーズ
地域の小さな声に応え続ける、医療・社会福祉法人の取り組み

2023年6月30日　第1刷発行

著　者　　中澤 信
発行人　　久保田貴幸

発行元　　株式会社 幻冬舎メディアコンサルティング
〒151-0051　東京都渋谷区千駄ヶ谷4-9-7
電話　03-5411-6440（編集）

発売元　　株式会社 幻冬舎
〒151-0051　東京都渋谷区千駄ヶ谷4-9-7
電話　03-5411-6222（営業）

印刷・製本　中央精版印刷株式会社
装　丁　　立石 愛
装　画　　松尾麗子

検印廃止

Printed in Japan
ISBN 978-4-344-94675-0 C0036
幻冬舎メディアコンサルティングＨＰ
https://www.gentosha-mc.com/